愛知大学綜合郷土研究所ブックレット

33

ふるさと「私」の始原

武田 圭太

●目 次●

はじめに

ふるさとは不思議なことばである。ふるさとを目にしたり耳にしたりすると、心が揺れこみあげる感情に押されて、想起したふるさとについてあれこれと思いを巡らせてしまう。ふるさとにまつわる情動は思考を誘発し行動を喚起する。

ふるさとに誘われた人は、例えば、ふるさとフェアで地域の特産品を買い求めたり、郷土教育をとおして生まれ育った町の自然や生活、歴史や文化や伝統を学んだり、ふるさと創生事業で地域の振興と活性化を企図したり、ふるさと納税を利用し寄付することで所得税の還付、住民税の控除を受け、自治体から返礼品を受け取ったりする。ふるさとの人を動かす力は、世代を越えて老若男女に影響するから、さまざまに消費され活用されている。

このように出生地が異なる多くの人がふるさとを共有できることは興味深い。生まれ育ったところの実体である「故郷」と、故郷にかかわる人や事物や出来事などの意味や内容の表象としての「ふるさと」とを使い分けたほうがよさそうである。

ふるさとは、人が故郷での経験にもとづいて創造した心象の全体であり、「私」らしい感じ方や考え方の基礎を形成したところといえよう。ふるさとの心象は、主に小学校を卒業するまでの原体験に根差しているようである。故郷は違っていても小学生時代に学校で経験する出来事は、概ね共通するだろう。小学生の場合、日常の生活圏は家庭や近隣の地域社会にほぼ限定できそうなので、そこでの諸体験も類似しているかもしれない。人それぞれ異なる故郷の思い出はふるさとに集約され、互いに意思疎通でき共感しうることばとして使われている。

ふるさとは論理より感情が先行する概念と思われる。感性が柔らかい学童期に、「私」らしい感じ方や考え方の原型が故郷でかたちづくられる。「私」らしさの形成は学童期までが臨界かもしれない。したがって、ふるさとは「私」の始原であり、ふるさとを原点に時間と空間の両軸を座標軸にして構成される枠内を、加齢にともなって動いたり止まったりする「私」の位置の軌跡を生涯にわたって描くことができるだろう。生涯の過程で「私」の位置を見失ったり、「私」らしさを実感できなくなったり、「私」の進むべき方向に迷ったりしたとき、人はふるさとを思い起こして「私」の原点を確かめ困難な状況に対処しようとすることもあるだろう。ふるさとは戻りたいときそこにある場所で、「私」のよりどころといえよう。

一　「私」の始まり

1　心身の造型

ふるさとは「私」の始まりである。生まれた子が物心つくまで、衣食住の生育環境がその子の五感をとおして身体や精神の原型をかたちづくる。学童期までは何事にも柔らかい感性で触れ、身のまわりの世界から多くを吸収する時期であり、目、耳、鼻、舌、皮膚を通じて外界を感じ取る視覚、聴覚、嗅覚、味覚、触覚の五感が、その子らしい感度や好悪などの基礎を形成する。家族や学校の友だち、教師、そして住んでいる近隣地域の人たちとかかわるうちに、五感をとおして感じ取る周囲の環境は、しだいに「私」が安定していられる空間になっていく。子の柔らかな感性は外界への好奇心を喚起し、たくさんの人たちと交わりながら、さまざまな出来事を経験して、感じ方や考え方の基本を身につけ、それを独自の感性や知性として発達させながら自己を形成していく。

　環境は脳の発達に影響して人の学習を促し、その人らしい感じ方や考え方の基礎をかたちづくる。例えば、言語行動は代表的な高次脳活動であるが、一〇歳から一二歳頃までに言語中枢は確立され、それまでに獲得した言語が母国語となり、一〇歳から一二歳以降に他の言語を母国語と同程度に修得することは困難になることから、言語の学習には臨界期があると考えられる[48]。言語をはじめ生育環境からさまざまな影響を受けた五感がよく機能して、人の脳を発達させる。一般に、学習というような脳の機能を修得する時期、つまり感受性期についてはまだ不明なことが多いが、学童期までをすごす時間と空間は人の生涯発達に大きな影響をおよぼすと思われる。

人の心身の原型が形成される生後約一〇年間の時間と空間が、「私」のふるさとである。

2　学童期の交流

一般に、人の成育史は親子の交流関係から始まる。生涯にわたる自己形成の個人史は、家庭での親子関係、特に母子関係を中心にした環境での諸経験が基盤となる。生まれたばかりの乳幼児は、まず、母親や他の家族との相互作用をとおして、自身をとりまく外界の様子を繊細に知覚しながら探索し、少しずつ周囲の対象との関係（object relationship）（註1）を形成していく。

他人との対象関係を築けるようになった子は、他人と共同して生活する社会性を身につけていく。それにともなって子が行動する場は、家庭から家の近隣、学校、広場、公園などへ広がり、かかわりをもつ他人の量も質も豊富になる。このように子の成長は、他人と関係する社会的な場の拡大と相関し、やがて家族以外の社会集団・組織に所属しその構成員として活動するようになると、対人関係は大きく広がっていく。特に同じ年頃の仲間集団でのさまざまな経験から、自身とは異なる他人の見方や考え方を知り、他人との比較をとおして自己の限界に気づき、一人ではできないことを仲間と協力して実現するための関係を形成し保持する柔軟性を学ぶ(30)。

乳幼児期から学童期にかけて、人は他人との関係を築き、社会生活を営む基本的な態度や行動を学習すると考えられているが、その過程で特定の対象への同一化（identification）を経験することがある。子がたまたまそこに居合わせた他人の言動、態度、信念、価値観などに強く共感した場合、それが情動性を含む特別な経験として記憶されることがある。子の社会性の発達に強く影響するのは、同一化の対象となる特定の人であり、その人の外見や身なり、動作、しゃべり方、話の内容、ふるまいなどにあらわれた個性から、特定の態度や行動の社会的な意味を子は学ぶとされる。故郷では、子は家族や身近にいる親しく重要な人との交流をとおして、暮らしている地域社会の歴史や伝統に根差した価値や規範を自己に内在化し、同質の価値や規範を共有しうる友人や知人との関係を形成する。

3 「私」の座標軸

ふるさとを起点として、そこから「私」が発達していく過程を時間と空間の座標軸を設けて描くことができるなら、それは「私」の生涯の軌跡となる。時間は五感で把握するものではないため、時が過ぎていくことは、時計が刻む人為的に設定された人工時間を基準とし、そのときどきに五感をとおして環境とかかわった諸経験が、どこで経験したか、つまり、どのような空間で経験したかという記憶も含め、五感を刺激された記憶が「私」に影響し、人工時間で記録され自己の内面に堆積していく。幼い頃の感動を生きていくうえで大切なものと大事にする人は少なくないだろう。

時間軸の目盛りは年齢が目安になりそうである。米国人男性の中年期に焦点化した実証研究から、青年後期までと同じように、成人期以降も年齢に対応する発達状態に大きな個人差はみられないことが明らかにされた[21]。レヴィンソンらの調査では、中年期に関係づけられる青年後期までの資料を集めていないので、中年期の米国人男性にふるさとがどのように影響するかを論議できない。しかし、加齢にともなう人の発達の連続性を仮定する学説はいくつかある[3][4][9][10][37]ので、学童期までを感受性の臨界期とした場合、そのあいだにかたちづくられた「私」の感じ方や考え方の原型は、中年期になっても完全に失われることなく、本人の態度や行動から学童期に形成された「私」の原型をある程度は推察できるかもしれない。

青年後期までの空間軸は就学段階の目盛で区分できるだろう。文部科学省が公表した「学校基本調査（確定値）」によると、二〇二一（令和三）年度の高等学校進学率九八・九％、大学進学率五四・九％で過去最高となっている[29]。青年が卒業した高等学校名や大学名から、青年後期まですごした学校教育環境の特性をおおよそ推察できるだろう。家庭とは違う学校教育の生活空間は「私」を形成する別の場であり、学校の世界から卒業するまでの自己形成は、出身校名から想像しうる教育の内実によって紋切り型に期待される。青年後期に学校の世界を離れるとき、学童期までにかたちづくられた感じ方や考え方の原型を中核に、出身校名から想定される青年の潜在性への社会的期待が表層となって、その表層および感じ方や考え方の原型を包む深層全体の特性が仕事の世界の入り口で選考された結果、所属することを容認された組織が「私」の社会的位置を概ね定めることになる。

二　ふるさとのウチとソト

1　都会へ移動する若者

青年後期から成人前期に移行する頃、就職や進学のため生まれ育った故郷を離れ都会へ移り住む若者は多い。生活の場を新たに広げようとする青年にとって、就職や進学の機会が限られている地元は物足りなく感じられるかもしれない。都会をはじめ余所の街は未知の可能性を秘めた魅力溢れるところで若者の好奇心をそそり、そこに住んでみたいという気持ちが高まるのだろう。

地方の若者が都会へ移動する現象は、一九五五（昭和三〇）年から一九六四（昭和三九）年頃までの高度経済成長期によくみられた。加瀬によると、当時の農山漁村の子どもは、就業機会が不足して人口過剰な状況から、非農業に従事する若年労働力が不足して農業に就業する青年が珍しい状況へと変化した時期に直面していた[19]。また、中学校の義務教育化が定着し、小学校卒業生と中学校卒業生とが労働市場で混在した一九四五（昭和二〇）年から一九五四（昭和二九）年頃までと、その後の高等学校進学率の上昇にともなって、高等学校卒業生が新規学卒労働市場の大半を占める一九六五（昭和四〇）年以降との狭間にあって、都市に比べ高等学校進学率が低かった農山漁村の中学校卒業生は新規学卒労働市場の主要な担い手だった。さらに、都市と農山漁村とでは労働市場が明確に区分され、日本企業の合理的な採用方針が、結果として農山漁村出身者への格差づけにつながったといえよう。

加瀬は、一九五五（昭和三〇）年から一九六四（昭和三九）年頃までを集団就職の時代とし、日本の高度経済成長期に始まった経済発展による労働市場の拡大は、都市出身者か地方出身者、つまり農山漁村出身者かを選別基準とする社会的な格差づけと並行して進行したと主張する(19)。

2　東京に定住する地方出身者

東京の大都市化は、高度経済成長期に地方出身者を労働力として吸収したことによるが、地元を離れ東京に移住する際、すでに東京で暮らしている同郷の人を頼って助言や支援を得ようとする行動がみられる。社会経済が変動するなかで、「私」を形成する場を都会に求めた人たちのなかには、故郷を共有する関係で結びついた同郷者集団を組織する人が現れた。

同郷者集団の組織化は江戸時代に遡ってみられる。故郷が同じ都市居住者の集まりに注目し、都市の成り立ちや都市と町村とのつながりを詳細に記述した宮本は、江戸時代から住んでいる人たちの子孫に加えて、周辺の村から生活の資を得るために出稼ぎに来た人や、郷里で食いつめて塵芥の吹き溜まるように町の一隅に住みついた人、学問を身につけ指導者を志した旧武士層の人など、地方出身者が主体となって東京は形成されたと主張する(26)。

宮本によると、地方出身者によって組織された県人会は、一般に、東京で成功したとされる人たちの集まりである(26)。県人会長には出世頭の長老が就任し、定期的に開催される会合では、会員が自身の仕事について一通りの報告をし、故郷の話に花を咲かせ、若い日の故郷を思い出して語り合う。県人会の先輩は後輩の面倒をみるので、後輩は先輩を尊敬し、人事についても世話をし合うことにしているという。そのため、強力な県人会の会員は東京で就職しやすい。また、県出身の有力者の集まりである県人会とは別に、県内特定地域の出身者が組織する郡人会や町人会、村人会などには一般労働者も混じっていて、その団結は細やかだという。

柳田（一九六二、二五二頁）は、一九二九（昭和四）年に刊行された『都市と農村』のなかで、次のように論述している[51]。「東京大阪の渦巻く人浪の中に於ても、人は決して他の全部と他人なのでは無い。郷里から出た者は必ず頼つて行く處がある。偶然に廻り逢うてすらも手を執つてなつかしがる。ましてや遙々と訪ねて來た者ならば、宿を貸し食を分ち、案内をするなどは常の事で、其間には少しでも市民と田舎者との關係は無いのである。それ迄にせずとも其親切の片端だけを割いて、見ず知らずの村の人々に薄く擴げて見たらどうかと思ふが、それが出來ないのは久しい間養はれ居た、今は無用なる我々の防衛心であつた」。

地方出身者が東京に定住するようになって町は自然発生するが、ある地方から移住する人たちが同じ仕事に就く場合、互いに行き来しやすい近いところに集まって住むことが多いので、職人町などには地方の色彩を感じ取れるところが少なくない。故郷の習慣は、同郷者が集団で住むと容易にすたれない[26]。

東京のような大都市に余所から移り住む人は、同郷であることの地縁を頼って、先住している人に住居や仕事の世話をしてもらい生活の基盤をどうにか築いて「私」の居場所を確保しようとする。マズローが提示した欲求階層説（hierarchy of needs）によると、人は最下層の生理的欲求が満たされた後、安全・安心欲求が自覚され充足行動を動機づける[24]。同様に、安全・安心欲求が満たされると所属・愛情欲求、所属・愛情欲求が満たされた後、自尊欲求が意識される。これら四つの欠乏欲求のうち最上層の自尊欲求が満たされると、自己実現に向けて努力しようと動機づけられる。

同郷者集団は、大都市に移住した人がそこで生活するための基本的な欲求を充足するうえで相互に支援する仲間集団である。この仲間集団は、ふるさとを共有することで形成され維持される。

一般に、人はいくつかの準拠集団に所属し生活しているが、そのうち同郷者集団には、先行して異郷で長く生活している人が、移住してまだ日が浅い人を利他的に支援する傾向がみられる。右も左もわからない大都市にやって来て独力で「私」の居場所を探すうち、不安にかられ途方に暮れている移住者の事情を知ると、同郷という地縁だけで見知らぬ他人を仲間として受け容れ、本人が抱えている厄介な諸問題を解決するため先住者に尽力させるような影響力をふるさとはもっている。

3　同郷者のふるさとと共有感

一般に、隣近所の近接した人どうしは日常よく顔を合わせるので、顔見知りになり挨拶を交わすうち何かの機会にちょっとした会話をしたことで、共通の趣味をもち好みが同じだとわかるとにわかに親しくなっていく。とりわけ同郷者は、故郷にまつわる話ができ感じ方や考え方が似通っているし、方言やことばの訛りが通じるのでますます親密になって意思疎通が円滑になるだろう、故郷の気候、風土、名所、旧跡、歴史や伝統、暮らしの習慣、衣食住の文化をはじめ、学校の行事や地域の祭など、地元の多くを互いに共有できる同郷者はウチの集団としてまとまりやすい。ウチの同郷者以外は皆ソトの外人となる。東京のような大都市で生活する地方出身者は、同郷者の集団に所属して異郷でふるさとを分かち合い、「私」の実存を確かめ心を安定させるのだろう。

松崎は、出郷者が故郷にどのような思いを抱いているかを民俗学の観点から検討した[25]。同じ故郷の人たちが異郷で集まって同郷者集団を形成する場合、同郷者集団は、集落（大字）単位、市町村単位、県単位など、その規模や出身地域によって性格や活動内容が異なる。松崎は、上層階級の出郷者が組織した県人会と、一般庶民が組織した郷（土）人会とを区別して扱っている宮本の見方[26]に言及し、今日では、県人会も広く開放され一般化されているのではないかと考え、県人会と郷（土）人会とを含めて同郷者集団としている（松崎、二〇〇二、二－三頁）。

　松崎が分析した同郷者集団は、東京・大阪の沖縄県人会、東京・神奈川・千葉・埼玉・茨城の首都圏在住者から構成される在京陸前高田人会、在道陸前高田人会、北海道の岩手県人会である巌鷲協会、新潟県西蒲原郡中之口村の出郷者、東京の土佐同志会、京都の土佐協会、在京気仙沼高校同窓会だった。さらに、関連する問題として、東京・大阪・京都の郷土教育、東京都品川区と神奈川県山北町、山梨県早川町との地域間交流事業、山口県山口市仁保地区への新規就農入植者を取り上げている。

　そのうち、在京気仙沼高校同窓会員への質問紙調査（標本数七〇人）の結果をみると、「母校でまず思い浮かぶものは何ですか」への回答は、今はない古い校舎、門、校庭、講堂（剣道場）、校庭のポプラの巨木、校舎とポプラの木、庭の大樹、春の桜、校庭の欅など、学校内の樹木や校内の施設・風景にかかわるものが六割以上だったという。

　また、「故郷でまず思い浮かぶものは何ですか」については、室根山、室根山と四年に一度の室根祭、港・安波山・亀山、海・船・大島・唐桑・安波山、安波山からの亀山を含む鼎ケ浦の眺め、安波山から見た気仙沼港の風景、気仙沼港（さんま、カツオ）・山、海・魚（さんま、かつお）・親、海（海水浴場）、大島の風景、気仙沼湾と大島（家から大島を見るときの風景）、海岸と船、魚介類の鮮度・美しい山河、中学時代うなぎ釣りをした川、山や川・友人、夏の海・小学校の友人・家族、実家、景観、風景、自然、景気の良かった頃の街の活気、人情味・土地柄、客船で通ったことなどがあげられ、気仙沼の自然の風景や水揚げされたサンマ、カツオなどの魚介類が多かったという（松崎、二〇〇二、一八五－一八九頁）。母校や故郷から思い浮かべるこれらのことばは、在京気仙沼高校同窓会員の多くが記憶し共有しうる心象と考えられる。

ふるさとの記憶と心象から思い浮かべる心の風景は、同郷者集団の構成員が生涯のある一時期に共にすごした時間と空間を回顧する際に思い起こされ、各人が同じようなことばで表現するふるさとの記憶心象の構成体である。在京気仙沼高校同窓会員にとってのふるさとの記憶と心象は、室根山、室根祭、安波山、亀山、大島、気仙沼港などの地名以外に、親、家族、実家、友人などの親しい人たちや、街の活気、人情味、土地柄など、かつて五感を刺激された故郷の質感や空気感にも言及していることから、過去に故郷でかかわった人物や事物に加えて、故郷の時空間全体から感じられる感覚要素も含むと考えられる。

三　ふるさとの記憶

1　ふるさとを表現することば

ふるさとは、いつ頃の記憶に根差しているのだろうか。例えば、愛知県田原市の消防団員（標本数三四五人）を調査した結果、「小学生の頃」が五六・二〇％で最も多かった。次いで、「小学校入学前の頃」一九・四〇％、「中学生の頃」一三・〇〇％だったことから、およそ九割の人が学童期までの諸経験に関係したふるさとの記憶を保持していることが明らかになった[40]。「私」の生涯では初期の日常がふるさとの心象に包摂され記憶されているようである。

「私」に内在しているふるさとの記憶をことばで表現すると、言語化されたふるさとの心象風景が現れるだろう。表1は、愛知県の大学生（標本数五五人）に「ふるさとから連想する心象を五つ自由に書いてください」と要求し、ことばで表現されたふるさとの心象を、①時間、②空間、③人物、④事物、⑤その他に区分して並べた結果である[40]。

時間については、①幼い頃、②一年を春夏秋冬の季節で区切ると、夏または夏休み、③時代では昭和というような結果だった。ふるさとから連想する時間の心象には、「懐かしい」「古きよき」「穏やか」などの感情が込められ、ふるさとの時間の遅い流れが「のんびり」と表現されている。

空間については、①田んぼ、小川、鳥、虫などがいる農村の田園風景、②澄んだきれいな空気、晴天、自然に囲まれている、③広い、とにかく周りがよく見える！　障害物がないなどの物理環境をあらわすことばに加え、④血縁関係や縁の場所、生まれた場所のような出生にかかわる人と人との結びつきの運命を感じさせる表現もみられた。また、⑤落ち着ける場所、人の心を和ませ

表1　ふるさとの心象

時間に関する心象

- 夏休み
- 夏
- 小さい頃
- 懐かしい
- 日本の古きよき時代
- 時間の流れが穏やか
- 昔を思い出す
- 幼い頃
- 幼少時代
- 昭和時代
- 古きよき思い出
- 古い
- 自分に対して思わず歳をとったなぁと思う瞬間
- のんびり

空間に関する心象

- 血縁関係や縁の場所
- 落ち着ける場所
- 自然・自然に囲まれている・自然がいっぱいある・のどかな自然風景
- 田舎・周りが山や田んぼで囲まれた田舎
- 生まれた場所
- 遠い
- 田園風景
- 安らぎ
- 温かさ
- 静か
- 澄んだ空気・きれいな空気
- 寒い
- なかなか帰れないけど忘れないところ
- 個人的ないい思い出も悪い思い出もすべて詰まっているところ
- 人の心を和ませる力があるところ
- 引っ越す前に住んでいたところ
- 帰る場所
- 辛くなったときに戻りたくなる場所
- 離れたときに懐かしく思うところ
- 広い
- 帰ると、ほっと安心できるところ
- 近所がみんな仲が良いところ
- 心の休まる場所
- リラックス
- 自分の街
- 最終的に人が帰りたくなるところ
- 農村
- 居心地のいいところ
- とにかく周りがよく見える!!　障害物がない
- 貧乏臭い
- 言葉になまりがみられる地方
- のどかな
- 晴天
- 鳥のさえずり
- 農村
- 田んぼがあって、虫が鳴いている
- 小川のせせらぎ

その他の心象

- ちびまるこちゃん
- 農作業
- 人の基礎
- 上京
- 原点・今の自分の原点
- 自給自足　何でも手作り
- 童心
- 純心
- 一人
- いじめ

人物に関する心象

- 母親
- 祖母
- 祖父
- 両親・ある程度年を重ねた両親
- 友達
- 家族
- おじいちゃんとおばあちゃん
- 温かい心を持った人々
- 近所に住む子ども
- 優しい人たち
- 友好的な人々

事物に関する心象

- 旧文部省唱歌「故郷」
- 田んぼ
- うさぎ
- 山・山に囲まれている・青々とした山
- 月
- 畑
- 農家
- 家
- 庭
- 学校・小学校
- 土
- 昔の木造建築平屋・古い家・和風の民家
- 農業
- 農作物
- 伝統行事
- 草原
- 秘密基地
- 野生動物の鳴き声
- 満天の星空
- わら
- 童謡・歌
- 清らかな川・透き通ったきれいな川
- 昆虫や動物がいる森林
- フナやドジョウ
- ランドセル
- 畳
- 郷土料理
- 母親の手料理
- かくれんぼ
- 祭り
- 煮物
- 草花
- 実家
- 昆虫採集・虫とり
- 海
- ローカル線
- 縁側
- 紅葉
- 夕焼け
- テトラポット・コンクリート
- フナムシ
- 狭い道路
- クワガタやザリガニやバッタやトンボ
- 通学路
- 麦わら帽子
- ホタル
- 田んぼ道

出所：武田（2008）

る力があるところ、近所みんな仲が良いところ、ほっと安心できるところ、居心地のいいところなど、安息感や親和感の心象が多い。さらに、⑥なかなか帰れないけど忘れないところ、帰る場所、辛くなったときに戻りたくなる場所、離れたときに懐かしく思うところ、最終的に人が帰りたくなるところなど、ふるさとへの回帰を心象化した記述も少なくない。

こうしたふるさとの時間と空間の心象には、どのような人物や事物が重ねて連想されるのだろうか。人物については、家族や友達、近所に住む子どもなどに限定されるようである。ふるさとの空間内に連想された人たちは、「温かい」「優しい」「友好的な」と肯定的に形容されている。この人たちのなかに、「私」にとって同一化の対象となるような特別な人物が含まれているかもしれない。また、家族のなかで、女性に加えて男性では「祖父」「おじいちゃん」は連想されるのに、「父親」は心象化されていないのは興味深い。ふるさとの家族のうち、父親の心象形成はあまり強くないかもしれない。

一方、母親の影響については、乳幼児期の母子関係をとおした対象関係の獲得との関連性を指摘する見方がある。小川（一九九五、二一八頁）によると、日本人は母子の結びつきが強く、成人になっても母子関係が人間関係の基本となり、母親に回帰し合一化したいという子の心象が優勢であることが、対象関係の特色とされる(31)。

ふるさと内の事物の一部は、空間の心象表現と重複している。その他には、学校に関連するもの、祭などの伝統行事、郷土料理、母親の手料理、そして旧文部省唱歌「故郷」などがあげられている。ここで前述した在京気仙沼高校同窓会員によるふるさとの空間に関係する表現を、固有名詞ではなく一般的なことばで整理してみると、①山、②漁港、③海、④島、⑤川などにまとめられる。また、ふるさとに存在する人物や事物は、①祭、②魚、③船、④親、⑤家族、⑥実家、⑦友人などに集約できるだろう。その他にふるさとの物理空間全体について、眺め、風景、景観、自然ということばで風光明媚を表現するなど、ふるさとの空間から感じ取れる他所とは異なる質感を、街の活気、人情味、土地柄とあらわしている。これらのふるさとを表現することばは、表1と共通するものが多い。

ふるさとにまつわる個人的な経験は人によって違うので、ふるさとから想起される心象は多種多様である。しかし、個人的経験のそれぞれの違いを収斂させるみんなに共通の心象と感情を、ふるさとは多くの人に感得させるようである。愛知県の大学生がもつふるさとの記憶と、松崎が明らかにした在京気仙沼高校同窓会員のふるさとの記憶[25]とは、それぞれ表現されたことばが少なからず一致している。それらのことばは五感で感じた諸経験の記憶であり、例えば、「懐かしい」「安らぐ」「温かい」のような懐旧や安息や温情の感覚は高い頻度で出現する。故郷で経験した個別の出来事より、その出来事を経験した際に心が動かされた情動の記憶のほうがより鮮明なのかもしれない。

2　ふるさとのエピソード記憶

記憶（memory）は自身の経験を何らかのかたちで脳に保持し、しばらくして再生または再認、再構成することである。記憶は記銘から保持を経て再生に至るまでの一連の段階から成る。経験の有意味な記銘がいくつかに群化され体制化されると、経験の内容はかなり長く保持され、何かのきっかけでそれまで保持されていた経験内容が再生されるしくみが記憶という現象である。

記憶には感情が影響することが確認されている。例えば、うつ病のような気分障がいの患者や抑うつ傾向の強い人には、自らの個人史にかかわる記憶を想起するとき、否定的な内容に偏って思い出すことが多い。また、催眠によって人を意図して幸せな気分に誘導した場合と、悲しい気分に誘導した場合とに分けて、幸せな内容の物語か不幸せな内容の物語を読ませた翌日、催眠をかけない状態で前日に読んだ物語を再生させると、幸せな気分で物語を記銘した人は幸せな内容を、反対に、悲しい気分で記銘した人は不幸せな内容をそれぞれより多く再生したという(6)。記銘時の気分、つまり、一定の時間間隔で持続する感情の状態と、記銘項目それ自体の感情的な性質である感情価とは一致する。また、意図して誘導され経験したのではなく自然な状態で記銘した項目のうち、想起時に誘導した気分と一致する項目のほうがより多く再生されるという(7)。このように記憶は、ある項目の記銘と想起いずれについても、そのときの気分に影響されるようである。

　人の記憶は、日常生活のなかで経験した諸事象を時間と場所の情報から想起できるエピソード記憶と、時間や場所とは無関係に比較的に持続する一般的な情報から検索できる意味記憶とに区分される(34)。エピソード記憶は想起に関係し、意味記憶は知ることにかかわる。エピソード記憶の想起は、時空間を超えた主観的な心の旅であり、「私」を認識することの自覚をともなうとされる。また、エピソード記憶は過去に方向づけられ、過去に戻って思考しつつ「私」を認識する意識状態で過去の事象を回想し、過去の経験を再経験していると説明される。エピソード想起は温かさと親密さを感じさせる。ふるさとは、ふるさとにまつわるエピソード記憶を想起させ、「私」を再認識させようとする。

四　ふるさとの心象

1　ふるさとの心象化

心象（image）は主に心理学で扱われる概念で、「現実に感覚刺激が与えられていない場合に生じる感覚類似の経験」である（大山・藤永・吉田、一九七八、一三九頁）(35)。また、隣接分野の社会学では、「ある対象について持つ人間の概念・判断・態度をもたらす表象の総体で、認識枠よりも広い社会的・文化的内容を持つ。一般には、対象を再生的に心に思い浮かべる像を指すが、『政党イメージ』といった用い方のように、たんに対象についての直感的・感覚的な表象を意味することも多い」となっている（濱嶋・竹内・石川、一九九七、二一五－二一六頁）(17)。心象は人間の主観的な経験で、その経験を正確に外面に表出することは困難であるが、経験した対象についての考えや判断や態度をある程度は規定し、根底には歴史的・社会的・文化的に特有な内容を含んでいる。

心象の概念をふるさとに適用すると、生まれ育った場所の想起や連想をはじめ物理や地理や社会の環境について、個人的に固有な認知空間を構成する要素や構造が検討課題になるだろう。

例えば、地理学では多くの住民が都市の特定地域にもつ共通心象（public image）が、居住者の流入動向に影響すること(22)や、居住地域を構成する地理的諸要素の分布形態から導き出される地域構造に、居住地域の認知された共通心象から導き出される地域構造を重ね合わせ、地域構造の特性を明らかにしようとする試みがある(5)。これらの報告は、物理や地理や社会の環境を心象化した認知空間のなかに人間行動を仮定している。

そこで、ふるさとについても生まれ育った環境の実際とは別に、そこから派生して人に内化された観念を想定し、多くの人が抱くふるさとの共通心象が人間行動におよぼす影響を考えてみたい。

2　ふるさとの記憶と想像

人はふるさとの記憶の断片を組み合わせたり補足したりして、ふるさとへの思いに浸りつつ「私」を見つめ直すことがあるかもしれない。ふるさとの原体験は本人にしかわからない意味がある。

一方、紋切り型のふるさと心象がつくられ、多くの人たちに影響している実情もある。例えば、旧文部省唱歌「故郷」に表現されているような普遍的な象徴としてのふるさとは、故郷の異なる人たちがふるさとの個人的な記憶を無理なく歌詞に重ねて、自身の原体験にともなう感情を込めて合唱できる創造された表象といえよう。

旧文部省唱歌「故郷」を歌う場合、人は架空の故郷を描いた歌詞に刺激され、自身の故郷にまつわる何かに刺激されたと同じように感じられる経験をするが、これはふるさと心象（image）の作用である。似たような経験には、残像、直観像、記憶心象、想像心象など、別個の類似感覚（imagery）があり、視覚や聴覚や触覚など、五つの各感覚の心象として分類されている[36]。記憶心象と想像心象は、前者が知覚像の記憶再生によるのに対して、後者は想像によって構成された心象という違いがある。旧文部省唱歌「故郷」は想像心象と考えられる。

心象は感覚の対象を知覚の基礎に成立するが、残像や直観像と違って記憶心象や想像心象は、人がある対象を自ら思い浮かべようとして心象化したり、言語刺激によってかなり自動的に指示対象を心象化したり、身体内の状態の変化によって心象化したりする（水島、一九八八、一四頁）[28]。そして、記憶の再生を強調する記憶心象と、想像による構成を強調する想像心象とは性格が異なり区別される。

ここでは、ふるさとの心象化についても同様に仮定する。生まれ育った故郷をめぐる心象は、ふるさとの時間や空間、そのなかに現れる人や物や出来事などの個別的な知覚・記憶像と、例えば、旧文部省唱歌「故郷」に表現されているような紋切り型で普遍的な象徴とが混成して形成された特定の像に、各自の個人的な感情が込められた表象と考えられる。水島（一九八八、二二三－二二四頁）によると、一般に、心象は知情意の総体として把握され理解される認知世界であり、①本人の性格や過去の生活体験を反映し、②経験の受け止め方の個人差に由来し、③本人の性格や感情の投影と関連し、④本人の認知の枠組みを介して、心象内容と外界へのかかわり方、つまり社会的態度とが相互に関係し、⑤心象の形成や機能にはいくつかの法則がみられるという[28]。また、心象は言語化以前の精神・心理作用として人間行動に影響するという観点からも考察されている[12][13][14][20][33]。

ふるさとに関する特定の項目を記銘または想起するときの気分、つまり感情が、ふるさと関連項目の感情価と一致して作用するため、ふるさとの心象全体の感情価にも影響すると考えられる。したがって、学童期の頃までをすごした故郷でのいろいろな経験がふるさとの心象を形成するという視点は、当時の諸経験にかかわる記憶心象のうち、どの項目が幸せな良い気分で記銘され、また、不幸せな悪い感情で記銘されたのはどの項目かという疑問や、学童期以降になって幸せな良い気分で想起される項目はどれか、どの項目が不幸せな悪い感情で想起されるかという問題を孕んでいる。

五　ふるさと心象の測定

1　ふるさと心象の項目

ふるさとの心象を数量化して分析するため、ふるさと心象を構成する基本要素と考えられる代表的なことばを質問項目として用意した（表2）。これらのことばは、表1をはじめ、有賀(2)、岩田(18)、松崎(25)、宮本(26)(27)、坪井(46)(47)、内田(49)、柳田(51)(52)が、ふるさとについて論述する際、高い頻度で使用していることばであり、ふるさとの心象表現に関する代表性をもつといえよう。

表2　ふるさとの心象項目

1.	ふるさとは、なつかしいところである
2.	ふるさとは、心が安らぐところである
3.	ふるさとは、水や空気がきれいなところである
4.	ふるさとは、子どもの頃に住んでいたところである
5.	ふるさとは、のんびりしたところである
6.	ふるさとは、山や川や海が美しいところである
7.	ふるさとは、夢や希望に満ちているところである
8.	ふるさとは、明るいところである
9.	ふるさとは、遠く離れたところである
10.	ふるさとは、住みやすいところである
11.	ふるさとには、親が住んでいる
12.	ふるさとには、田畑がある
13.	ふるさとには、旧友が住んでいる
14.	ふるさとには、墓がある
15.	ふるさとには、お爺さんやお婆さんが住んでいる
16.	ふるさとには、実家がある
17.	ふるさとには、大家族が住んでいる
18.	ふるさとには、面倒見のいい人たちが住んでいる
19.	ふるさとには、先祖代々の土地がある
20.	ふるさとには、人情味のある人たちが住んでいる
21.	ふるさとには、裕福な人たちが住んでいる
22.	ふるさとには、漁港がある
23.	ふるさとには、義理堅い人たちが住んでいる
24.	ふるさとには、保守的な人たちが住んでいる
25.	ふるさとには、親しい人たちが住んでいる

出所：武田（2008）

表2ではふるさとの心象が二五項目で構成されている。このうち項目1から項目10は、ふるさとの空間を全体的、包括的に形容する心象への反応、項目11から項目25は、ふるさとの空間内に存在する人物や事物の心象への反応を測定するために用意した。

2　ふるさとの対象化

一九一四（大正三）年に発表された旧文部省唱歌「故郷」の歌詞には、ふるさとの美しい山や川、父や母や友に代表される親密な間柄の人たちが表現され、故郷から離れた人の望郷の想いが歌われている[49]。美しさ、清らかさ、山、川、父、母、友などのことばに、自身の原体験に重なる固有名詞を当てはめて記憶を手繰り寄せると、ふるさとへの心情が駆り立てられるだろう。ふるさとは、「水や空気がきれいなところ」（項目3）、「山や川や海が美しいところ」（項目6）であり、「実家」（項目16）があって、「親」（項目11）や「旧友」（項目13）が住んでいるところである。

　このように心象化された「ふるさとは、なつかしいところである」（項目1）。なつかしさは、ふるさとへの追憶にともなう典型的な感情だろう。日本の都市は、故郷を離れた元農民の従兄弟によってつくられたと示唆した柳田は、出郷者は同郷者への親しみやなつかしさを感じるとした。また、若いときは都会に憧れて故郷を離れるが、やがて帰ろうとする感情を帰去来情趣と記して、加齢が進む過程で故郷にUターンする傾向を予測していた[51]。記録に残らない人たちには共通することが多いと柳田は記している。ふるさとは「子どもの頃に住んでいた」（項目4）、いずれ帰る「遠く離れたところ」（項目9）であり、「親しい人たちが住んでいる」（項目25）ところである。

　新しく形成された都市に対して、故郷は田舎の農山漁村という対置を、出郷者はほぼ無意識に受け容れるようである。農村では、親子がイエのなかで農地を耕作しながら共同生活する暮らしが一般的だった。有賀[2]は、第二次世界大戦敗戦後の農地改革と新しい家族法によって、夫婦が個別に財産をもったり、父母の遺産を諸子均分したりもできたが、生活を托する一握りの耕地をそのように粉々に小さく私財化すると農業経営が成り立たないので、土地は従前どおり世帯主としての父親か長男かの名義になっただろうと考えた。そして、世帯主夫婦が老いてイエの世帯主が交替するとき、一般に長男が跡取りとなって、長男夫婦がイエの耕地を継承し経営を引き継いで、同居する老親を扶養しながら家族の生活を維持すると指摘した（有賀、一九七一、二七頁）。こうした慣習は一九五五（昭和三〇）年以降の資本の急速な発展と、それにともなう全国的な工業化の増進期まで存続したと有賀は示唆した。依然としてふるさとには、「大家族」（項目17）が住んでいる。

宮本（一九八四、一七六－一八二頁）によると、村で最も大事な行事は葬式で、死者の処理は葬式組や葬い講など、同じ組の仲間が手助けして世話をする[27]。また、経済的な助け合いも大切で、生活に困った人が現れた場合、親方をはじめ親戚や知人が集まって金や物を出し合い面倒をみて急場をしのぎ、その後落ち着いてきたら少しずつ返済させる頼母子講や無尽のような方法をとるという。こうした社会保障的な村の結合は、特定地域内の同族的な血縁関係を擬制的親子あるいは擬制的兄弟として非血縁者にも適用することで成立していたが、そうした親密な人間関係が望ましいと考えられ共感されたから実現できたと宮本は主張した。そして、第二次世界大戦敗戦後に表向きは解消された親方・子方のような古い慣習の組織は、例えば、今日の保守政党の雰囲気にも残っているなど、日本の社会に散見されるいろいろな派閥の基盤に根強いと示唆した。ふるさとには、「面倒見のいい人たち」（項目18）、「義理堅い人たち」（項目23）、「保守的な人たち」（項目24）が住んでいる。

農村の延長線上に都市を位置づけ、都市をつくることは農村の一つの事業だったとみる柳田の都鄙連続論[51]では、水田稲作農村だけが都市に対比される唯一の空間と考えられた[46]。しかし、畑作農耕民や漁労民が暮らす故郷もある。水田稲作農耕に畑作農耕、漁労も含めた農山漁村の大半は、今日、過疎化等によって衰退しているが、高度経済成長期を迎えるまでの一九五〇年代（昭和二五～三四年）は農地改革によって自作農主義が推し進められ、各種補助金の支給や政府による価格管理などの支援政策に保護され、農業所得は比較的に高かった。当時、農村では明るい未来が期待されていたのである。そうした記憶の残像から、ふるさとは「夢や希望に満ちているところ」（項目7）、「明るいところ」（項目8）であり、「田畑」（項目12）が広がって、「裕福な人たちが住んでいるところ」（項目21）という心象を想定した。また、漁村が故郷の人には「漁港」（項目22）が馴染み深いだろう。

一九六〇年代（昭和三五～四四年）の高度経済成長期に全国の農山漁村から都市に流出した人口は、過疎と過密の不均衡な人口分布をもたらした。それを是正するため、一九七〇（昭和四五）年から過疎対策が施行され、一九八九（平成元）年には自由民主党の竹下登内閣によるふるさと創生事業が始まり、心の豊かさを農山漁村の自然資源で充足することを掲げた都市と農山漁村との交流活動が話題となった[25]。資本は自然環境の良さだけでなく、故郷や故郷の人たちの魅力を宣伝して地方への関心を高めようとした。人情味豊かな地元住民、都会生活に疲れほっと一息つける場所、安らぎを与えてくれ、都会での疲れを取り除いてくれる癒しの場所、温かく迎えてくれるところなどのふるさとの心象表現[53]は、過密した都会生活の緊張状態から逃れ、ふるさとへ脱出することを促している。ふるさとは、「心が安らぐところ」（項目2）、「のんびりしたところ」（項目5）、「住みやすいところ」（項目10）であり、「人情味のある人たち」（項目20）が住んでいる。

しかし、良質な生活や理想の暮らしを農村に期待した一九五〇年代（昭和二五～三四年）から七〇年以上が経ち、農山漁村の高齢化はますます顕著である。老人ばかりが住むようになった農山漁村に活気はなくなり、死が日常生活に入り込んでいるようなところもある。坪井（一九八六a、二一四-二一六）は、一九七六（昭和五一）年一〇月、徳島県三好郡西祖谷山村を調査し、明治になって自葬禁止により新設された村の共同墓地に死者を埋葬し供養してきた村民が、一九六五（昭和四〇）年以降、共同墓地に眠っている先祖たちの骨を掘りおこして、自宅の屋敷続きの一隅に、高価な出費も厭わず立派な先祖代々之墓を造るようになったと報告した[46]。このような村民の行動について、若い人が村からいなくなったので、その代わりに亡くなった肉親との共棲を希求し、先祖の霊と共に住み対話を復活させようとしていると坪井は考察した。さらに、出郷した人が故郷に帰ろうと思えばいつでも帰って来られるように、イエの象徴であり魂のよりどころである先祖代々之墓を造って、ふるさとのイエの永続性を確かなものにしておこうという思いやりであると主張した。

また、岩田（一九九八、一七四頁）は、坪井の故郷他界観[46][47]を論拠にして、過疎をイエの現実としてみると、故郷には老親が残り、その子は世間へと出郷し、例えイエの跡継ぎでも親と生活を共にしていないのが実情で、老親は故郷のイエ、家屋敷、水田、墓地などを維持しながら、近くの世間へ出た跡継ぎの子に生活全般を援助されているのが老親の立場であり、子の立場からみると、実態としての故郷のイエは親を媒介項としてつながっているにすぎないと主張する[18]。ふるさとには、「墓」（項目14）や「先祖代々の土地」（項目19）があり、「お爺さんやお婆さん」（項目15）が住んでいる。

表2の二五項目で測定したふるさとの心象は、ふるさとにまつわる個人的な原体験そのものを個別に特定した心象ではなく、多くの人がほぼ共通して想像すると推察されるふるさとの一般的な心象を集約した。ふるさとの個人的な原体験の記憶心象から、一般的なふるさとの想像心象を

思い浮かべることがあるし、その反対も経験されるので、外部刺激のあいまいさの程度によって記憶から想像まで心象は揺れ動くだろう（水島、一九八八、一五頁）[28]。そのうえ、心象の諸特徴は、記憶心象にも想像心象にも共通する特性をもつので、ここではふるさとを特定地域に限定せず、広範囲に適用可能なところとしてふるさと心象の資料を収集することとした。また、いくつかの現地調査で集められた既存の定性資料を参考に、ふるさとの心象を定量測定するための二五項目を帰納的に操作定義したことで、ふるさとの共通心象を一般化して議論できるかもしれない。そのために探索的な記述報告をまとめた。

併せて、ふるさとへの直接的な感情やふるさとに住みたい気持ちなども測定した。具体的には、「ふるさとの印象」「ふるさとの有無」「ふるさとでの定住願望」の三変数である。さらに、ふるさとへのUターンを考えるきっかけになることが多い親との関係も、ふるさとの心理作用を考えるうえで重要な要因とみなし、「親へ報恩する意志」「老親を世話する意志」「親と同居する意志」の三変数を設定した。ここではこれら六変数を加え、ふるさとの空間心象、事物心象の変数群を検討する[40]。

3　ふるさと心象の構成要素

愛知県出身の私立大学生と青年団員から集めた表2の二五項目への回答を、ふるさとの空間およびふるさとに存在する人や物の心象を個別に因子分析[註2]して、ふるさと心象を形成する構成要素を検討した。主因子法で因子を抽出して固有値一・〇〇〇以上の因子をヴァリマックス回転した結果、ふるさとの空間について四つの因子（表3）、ふるさとに存在する人や物について

表3　大学生のふるさとの空間心象（$n = 100$）

項　目	1	2	3	4	共通性
6. 山や川や海が美しいところである	.897	.156	.119	-.103	.854
3. 水や空気がきれいなところである	.828	.024	.129	-.124	.718
5. のんびりしたところである	.749	.062	.053	.198	.607
9. 遠く離れたところである	.471	.119	.158	.244	.320
8. 明るいところである	.052	.711	.045	.065	.514
7. 夢や希望に満ちているところである	.219	.597	.184	.029	.438
10. 住みやすいところである	-.011	.395	.034	.285	.239
1. なつかしいところである	.158	.003	.809	.095	.688
2. 心が安らぐところである	.077	.156	.461	-.009	.243
4. 子どもの頃に住んでいたところである	.034	.081	.024	.445	.207
寄 与 率	23.547	10.911	9.630	4.184	

出所：武田（2008）

も四つの因子（表4）が得られた[40]。

表3によると、大学生のふるさとの空間心象は「美しい自然環境」の因子、「明るい雰囲気」の因子、「懐かしさ」の因子、「追憶」の因子で構成されている。美しい自然環境の因子と明るい雰囲気の因子の回転後の累積寄与率は三四・四五八％で、他の二つの因子に比べて明らかに高い。美しい自然環境の因子を構成する「6山や川や海が美しいところ」「3水や空気がきれいなところ」の共通性が特に高い値を示していることから、大学生のふるさとの空間心象は、山、川、海の美しさ、きれいな水や空気という心象で構成され、そこは夢や希望に満ちた明るいところと形容される。

そのようなふるさとに存在する人や物として心象化されたのは、「共同体」の因子、「イエ」の因子、「家族」の因子、「親密」の因子である（表4）。

共同体の因子とイエの因子の回転後の累積寄与率は二六・五二〇％になり、他の二つの因子に比べて説明力が高い。因子抽出後の共通性の値をみると、「5お爺さんやお婆さん」「8面倒見のいい人たち」「1親」「6実家」「7大家族」の項目が高い。大学生は、家族集団を中心に共同体内の親密な人間関係をふるさとのウチに心象化しているようである。

同様に、青年団員についても因子分析したところ、大学生と違って男女の違いが少しみられた。主因子法で因子を抽出して、固有値一・

表４　大学生のふるさとの人物・事物心象（n = 100）

項　目	1	2	3	4	共通性
7. 大家族が住んでいる	.704	.283	.204	-.025	.618
8. 面倒見のいい人たちが住んでいる	.690	.296	-.145	.274	.660
13. 義理堅い人たちが住んでいる	.554	.189	-.125	.070	.363
11. 裕福な人たちが住んでいる	.454	.146	-.003	.130	.244
14. 保守的な人たちが住んでいる	.414	-.080	.057	-.211	.226
5. お爺さんやお婆さんが住んでいる	.123	.809	.091	.038	.680
2. 田畑がある	.184	.579	-.004	.129	.385
9. 先祖代々の土地がある	.275	.489	.194	-.041	.354
4. 墓がある	.135	.395	.390	.215	.372
12. 漁港がある	.294	.332	-.170	.177	.257
1. 親が住んでいる	-.013	.047	.800	-.029	.643
6. 実家がある	-.026	.363	.704	-.072	.634
3. 旧友が住んでいる	-.073	-.195	.600	.308	.498
15. 親しい人たちが住んでいる	-.010	.040	.204	.596	.399
10. 人情味のある人たちが住んでいる	.367	.229	-.162	.523	.487
寄与率	13.504	13.016	12.479	6.462	

出所：武田（2008）

表５　男性青年団員のふるさとの空間心象（n = 52）

項　目	1	2	3	4	共通性
6. 山や川や海が美しいところである	.841	.183	.065	.011	.745
3. 水や空気がきれいなところである	.744	.136	.034	.110	.586
5. のんびりしたところである	.651	.154	.243	.274	.582
2. 心が安らぐところである	.202	.814	.259	-.058	.774
1. なつかしいところである	.150	.736	-.023	.040	.566
4. 子どもの頃に住んでいたところである	.119	.585	.420	.126	.549
10. 住みやすいところである	.034	.202	.775	.022	.643
8. 明るいところである	.139	.041	.332	-.157	.156
9. 遠く離れたところである	.153	-.003	-.279	.917	.942
7. 夢や希望に満ちているところである	.193	.051	.111	.231	.105
寄与率	18.439	16.678	11.106	10.272	

出所：武田（2008）

○○○以上の因子をヴァリマックス回転した結果、男女共にそれぞれ四つの因子が抽出された。

男性の場合、ふるさとの空間心象を形成するのは「美しい自然環境」の因子、「安らぎ」の因子、「住みやすさ」の因子、「遠方」の因子だった。四つの因子の累積寄与率は五六・四九五％で、第二因子から第三因子にかけて寄与率の低下がややみられるので、第一因子および第二因子が主因子と思われる。つ

表6　女性青年団員のふるさとの空間心象（$n = 40$）

項　目	1	2	3	4	共通性
6.　山や川や海が美しいところである	.876	.134	.417	-.108	.972
3.　水や空気がきれいなところである	.859	-.155	.124	.154	.801
5.　のんびりしたところである	.599	.310	.135	.321	.576
7.　夢や希望に満ちているところである	-.021	.840	.182	-.018	.740
8.　明るいところである	.122	.731	.016	.450	.752
1.　なつかしいところである	.132	.077	.849	.084	.752
9.　遠く離れたところである	.165	.064	.501	.136	.301
2.　心が安らぐところである	.281	.288	.422	.273	.414
10.　住みやすいところである	.353	.259	.222	.583	.581
4.　子どもの頃に住んでいたところである	.004	.025	.076	.409	.174
寄与率	21.288	15.390	14.468	9.482	

出所：武田（2008）

まり、男性青年団員は美しい自然環境と安らぎをふるさとの空間に心象化するようである。

女性が心象化するふるさとの空間は、「美しい自然環境」の因子、「夢や希望」の因子、「追憶」の因子、「住みやすさ」の因子で形成されている。四つの因子の累積寄与率は六〇・六二九％で、第一因子から第二因子にかけて、また、第三因子から第四因子にかけて寄与率の低下がみられる。したがって、第一因子を主因子に第二因子と第三因子が付加されて、女性青年団員のふるさとの空間心象が形成されているといえよう。女性も美しい自然環境を中核にふるさとを心象化しているが、男性にはみられない夢や希望の心象をふるさとに思い浮かべている。

ふるさとの人や物の心象を因子分析した結果、男性は五つの因子、女性は四つの因子が抽出された。

男性青年団員がふるさとに心象化する人や物は、「イエ」の因子、「義理と人情」の因子、「共同体」の因子、「親密」の因子、「富裕」の因子で形成される。五つの因子の累積寄与率は五七・八一四％で、第三因子から第四因子にかけてやや寄与率の低下がみられるため、ふるさとにはイエ、義理と人情にまつわる人や物が心象化されていると思われる。特に「イエ」の因子には「4墓」「9先祖代々の土地」が大きく負荷している。原調査の対象者を含め、故郷に住む男性青年団員の大半は長男であることから、イエの継承を意識しているのかもしれない。

表7　男性青年団員のふるさとの人物・事物心象（n = 52）

項　目	1	2	3	4	5	共通性
4. 墓がある	.722	.275	-.093	.265	.425	.857
9. 先祖代々の土地がある	.689	.066	.494	-.054	-.051	.728
6. 実家がある	.615	-.374	.029	.384	-.015	.666
1. 親が住んでいる	.595	-.011	.085	.446	.099	.570
5. お爺さんやお婆さんが住んでいる	.446	.084	.355	.121	.139	.367
13. 義理堅い人たちが住んでいる	.156	.811	.161	-.082	.033	.716
10. 人情味のある人たちが住んでいる	-.065	.666	.342	.188	-.048	.603
2. 田畑がある	.230	.395	.287	.057	.279	.373
12. 漁港がある	-.075	.289	-.044	-.079	.169	.126
8. 面倒見のいい人たちが住んでいる	.085	.575	.637	-.132	.146	.783
7. 大家族が住んでいる	.118	.122	.627	.187	.040	.459
14. 保守的な人たちが住んでいる	.119	.173	.560	-.037	.544	.654
3. 旧友が住んでいる	.189	-.195	-.056	.710	.117	.595
15. 親しい人たちが住んでいる	.191	.192	.316	.622	.097	.569
11. 裕福な人たちが住んでいる	.126	.068	.097	.205	.731	.607
寄与率	14.249	13.484	12.257	9.825	7.999	

出所：武田（2008）

一方、女性青年団員は「農家」の因子、「親密」の因子、「共同体」の因子、「親の居住地」の因子によってふるさとの人や物を心象化している。四つの因子の累積寄与率は六一・六二三％で、第一因子から第二因子にかけて寄与率の低下がみられる。女性はイエを継承しながら農作業する大家族の集団をふるさとに心象化するようである。男性と違い女性のふるさと心象には親の居住地が関係している。

一般に、女性は結婚して実家を離れ婚家で生活するようになると、自身の故郷だけでなく夫の故郷にもかかわることになる。夫も同じ境遇といえるが、婿入りより嫁入りのほうが多い実情から、二つの故郷は妻のほうにより大きく影響すると思われる。既婚女性は夫の故郷で暮らしながら、自身のふるさとを「私」の始原として再認識するのではなかろうか。

4　ふるさと心象と故郷での定住

ふるさと心象を形成する主因子が特定されたので、大学生の故郷での定住願望に影響する要因を重回帰分析（註3）したところ、決定係数〇・二九六となり一％水準で有意だっ

表8　女性青年団員のふるさとの人物・事物心象（n = 40）

項　目	1	2	3	4	共通性
12.　漁港がある	.704	.111	.188	-.118	.558
2.　田畑がある	.686	-.096	.208	.503	.776
5.　お爺さんやお婆さんが住んでいる	.672	.185	.339	.144	.621
7.　大家族が住んでいる	.670	.155	.281	-.135	.570
4.　墓がある	.655	.353	-.042	.225	.607
9.　先祖代々の土地がある	.655	.403	.137	.218	.658
11.　裕福な人たちが住んでいる	.617	-.064	.084	-.028	.392
15.　親しい人たちが住んでいる	.097	.785	.150	.145	.669
3.　旧友が住んでいる	.242	.755	.037	-.031	.631
6.　実家がある	-.040	.630	.177	.433	.618
14.　保守的な人たちが住んでいる	-.006	-.004	.782	.425	.792
10.　人情味のある人たちが住んでいる	.444	.152	.779	-.112	.839
13.　義理堅い人たちが住んでいる	.431	.322	.549	.101	.601
8.　面倒見のいい人たちが住んでいる	.391	.149	.427	-.096	.367
1.　親が住んでいる	.014	.235	.035	.698	.545
寄与率	24.739	14.393	13.717	8.764	

出所：武田（2008）

た（表9）。標準偏回帰係数の値が有意に高かったのは親と同居する意志、「家族」の因子、「美しい自然環境」の因子、「共同体」の因子である。男女大学生が故郷に定住することを望む気持ちは、将来、結婚後に自身や配偶者の親と暮らす意志、ふるさとに住む家族の心象、ふるさとの美しい自然環境の心象が影響している。これらの要因はUターン者が故郷に帰る主な理由とも合致する。ふるさとが人を引き寄せ留める誘因を解明する手がかりになりそうである。

同様に、男性青年団員の重回帰分析をしたが決定係数〇・三八一は有意ではなかった。このモデルでは「住みやすさ」の因子と「親と同居する意志」の標準偏回帰係数値が高く、「遠方」の因子が負の方向性でやや高いt値を示した。

一方、女性青年団員の決定係数〇・五五一は一％水準で有意だったが、標準偏回帰係数値が有意に高い独立変数は「親へ報恩する意志」だけである（表10）。その他には「農家」の因子、「親の居住地」の因子、「親密」の因子が正の方向性でやや高いt値を示したが、「親と同居する意志」は負の方向性である。男性青年団員は親と暮らすことを気にかけ、故郷に住み続けようとしているのに対して、女性青年団員の場合、親と暮らす意志は故郷での定住願望を低下させる。

表9　大学生の故郷定住願望の重回帰分析（n = 100）

独立変数	標準偏回帰係数	t
親へ報恩する意志	.172	1.497
老親を世話する意志	.046	.389
親と同居する意志	.302	2.918 **
美しい自然環境の因子	.226	2.124 *
明るい雰囲気の因子	.132	1.354
懐しさの因子	-.003	-.037
追憶の因子	-.098	-.991
共同体の因子	-.205	-2.177 *
イエの因子	-.036	-.359
家族の因子	.231	2.426 *
親密の因子	-.087	-.870
R	.544	
R^2	.296	
F	3.368 **	

* $p < .05$　** $p < .01$

出所：武田（2008）

ところが、女性青年団員の親へ報恩する意志や、ふるさとには親が住んでいるという心象が負荷している親の居住地の因子は、故郷での定住を促すように作用している。

この結果は、女性青年団員は結婚すると、自身の親、夫の親それぞれとの親子関係が、男性青年団員より重く感じられるようになることを反映しているのかもしれない。原調査では、親と同居する意志を「あなたは、将来、結婚したとき、あなたやあなたの配偶者の親といっしょに暮らそうと思いますか」と操作化したため、どちらの親と同居することへの回答なのかあいまいになってしまった。一般に、結婚後、女性青年団員は夫の親と同居することが多いとするなら、自身の故郷に住み続けたいという願望に、夫の親と同居する意志が負の方向に作用すると考えられるかもしれない。また、親へ報恩する意志の対象が、夫ではなく自身の親であり、妻自身の親が住んでいるふるさとという心象が、そこに定住したいという気持ちに正の方向で作用してもおかしくない。

一方、大半の男性青年団員は結婚したら自身の親と同居するつもりで、親が住む故郷に定住したいと思っているようであるが、女性青年団員のように、親へ報恩する意志は定住願望について有意な予測力を示していない。男性は結婚して自身の親と同居し、老後の親の世話や介護を妻に肩代わりさせ、妻を自身の親にあてがうというような間接的な仕方で、育ててくれた親への恩返しをするつもりなのかもしれない。このような夫の妻への期待は、イエに嫁入りした妻への役割

表10　女性青年団員の故郷定住願望の重回帰分析（n = 40）

独立変数	標準偏回帰係数	t
親へ報恩する意志	.450	3.039 **
老親を世話する意志	.244	1.370
親と同居する意志	-.273	-1.740
美しい自然環境の因子	-.162	-.782
夢や希望の因子	-.023	-.154
追憶の因子	-.039	-.269
住みやすさの因子	.106	.703
農家の因子	.365	1.849
親密の因子	.273	1.700
共同体の因子	.048	.301
親の居住地の因子	.247	1.762
R	.742	
R^2	.551	
F	3.118 **	

** $p < .01$

出所：武田（2008）

期待と合致する。

親との関係、とりわけ将来の同居を考えると、故郷に親が住んでいる場合、故郷でずっと暮らすという選択は、親と生活することや、いずれ老いた親を世話し介護することを想定した生活を計画する必要性を子に気づかせるだろう。そうした将来の予想は故郷を楽園視したような心象を打ち消して、日常生活の現実を直視するように仕向けると思われる。それは青年後期から成人前期にかけて、親とは異なる子自身の生活を築くという発達課題とも関係するだろう。

結婚後、親といっしょに故郷に住み続けることを子が考える場合、自身の親と配偶者の親のどちらと同居するかによって、親子の同居生活の実際や意味合いは男性と女性で異なると推察される。妻は夫のイエに嫁ぐという結婚の通念が、女性の故郷での定住願望に今でも微妙に影響すると思われる。

5　ふるさと心理の構造

ふるさとの心象を構成する諸要素が特定されたので、それらの相互関係を明らかにし、ふるさと心理の構造全体を探索するため、因子分析で得た諸因子による多重指標概念図式を男女別に検討した。

男性の場合、仮定した構成概念は「家族」の因子、「美しい自然環境」の因子、「共同体」の因子である。そして、これら三つに影響されるのがふるさとでの定住願望である。つまり、三つの構成概念がふるさとと定住願望を高めると予測した。女性も男性と同じ三つの構成概念を仮定した。ただし、前述したように、女性の因子負荷量は男性とは異なり寄与率にも差異があるので、男性とは別に検討する。

図1は男性のふるさとと心理構造を「家族」の因子、「美しい自然環境」の因子、「共同体」の因子で探索的因子分析した結果である[42]。この概念図式は、すべて〇・一%水準で有意な標準化推定値で成立しているが、適合度指標（Goodness of Fit Index: GFI）＝〇・八九四、修正適合度指標（Adjusted Goodness of Fit Index: AGFI）＝〇・八一七、比較適合度指標（Comparative Fit Index: CFI）＝〇・九〇四、RMSEA（Root Mean Square Error of Approximation）＝〇・一〇三であり、充分な適合を示していない。したがって、図1は参考資料に留めておく。

図2は女性のふるさとと心理構造を探索的因子分析した結果である。この概念図式は、すべて〇・一%水準で有意な標準化推定値で成立し、適合度もGFI＝〇・九六〇、AGFI＝〇・九三〇、CFI＝〇・九七〇、RMSEA＝〇・〇六〇と概ね良好な数値が得られた。「家族」の因子から「実家がある」「親が住んでいる」への係数が高いことから、ふるさとの家族という心象は、そこに実家があり自身の親が住んでいるという女性の認知に強く影響すると考えられる。また、「家族」の因子は「美しい自然環境」の因子や「共同体」の因子とは無相関であることから、女性のふるさとと心理は実家の家族だけで形成され、その家族を中心にとりまく諸々の社会環境・自然環境で構成されていると推察される。

図3は、図1にふるさとと定住願望を加えた男性のふるさとと心理を共分散構造分析（Covariance

Structure Analysis: CSA）（註4）した結果である（45）。図3の概念図式は、すべて〇・一％水準で有意な標準化推定値で成立しているが、適合度はGFI＝〇・八九〇、AGFI＝〇・八一三、CFI＝〇・八九五、RMSEA＝〇・〇九八と不充分な数値だった。図1と同様に、図3も参考資料とする。

図4は、図2の概念図式にふるさと定住願望を加えた女性のふるさと心理を共分散構造分析した結果である。この概念図式は、すべて〇・一％水準で有意な標準化推定値で成立し、適合度もGFI＝〇・九五六、AGFI＝〇・九二六、CFI＝〇・九六六、RMSEA＝〇・〇五九と概ね満足できる数値だった。「家族」の因子からふるさと定住願望への係数が高いことから、ふるさとに住む家族の心象がふるさとでの定住願望を強めるのだろう。美しいふるさとの心象や共同体から思い浮かべる情緒的な関係性の心象は、女性のふるさと定住願望に影響しない。女性の場合、ふるさとの心象は家族そのものであり、家族が住むからふるさとでの定住を望むと考えられる。そうした女性のふるさと心象とふるさと定住願望との相関は男性より強く、ふるさとは実家や自身の親を想起させ、親との関係性の認知が影響力をもつ。また、その影響力は夫との婚姻状態や夫の家族との関係にも左右されるだろう。

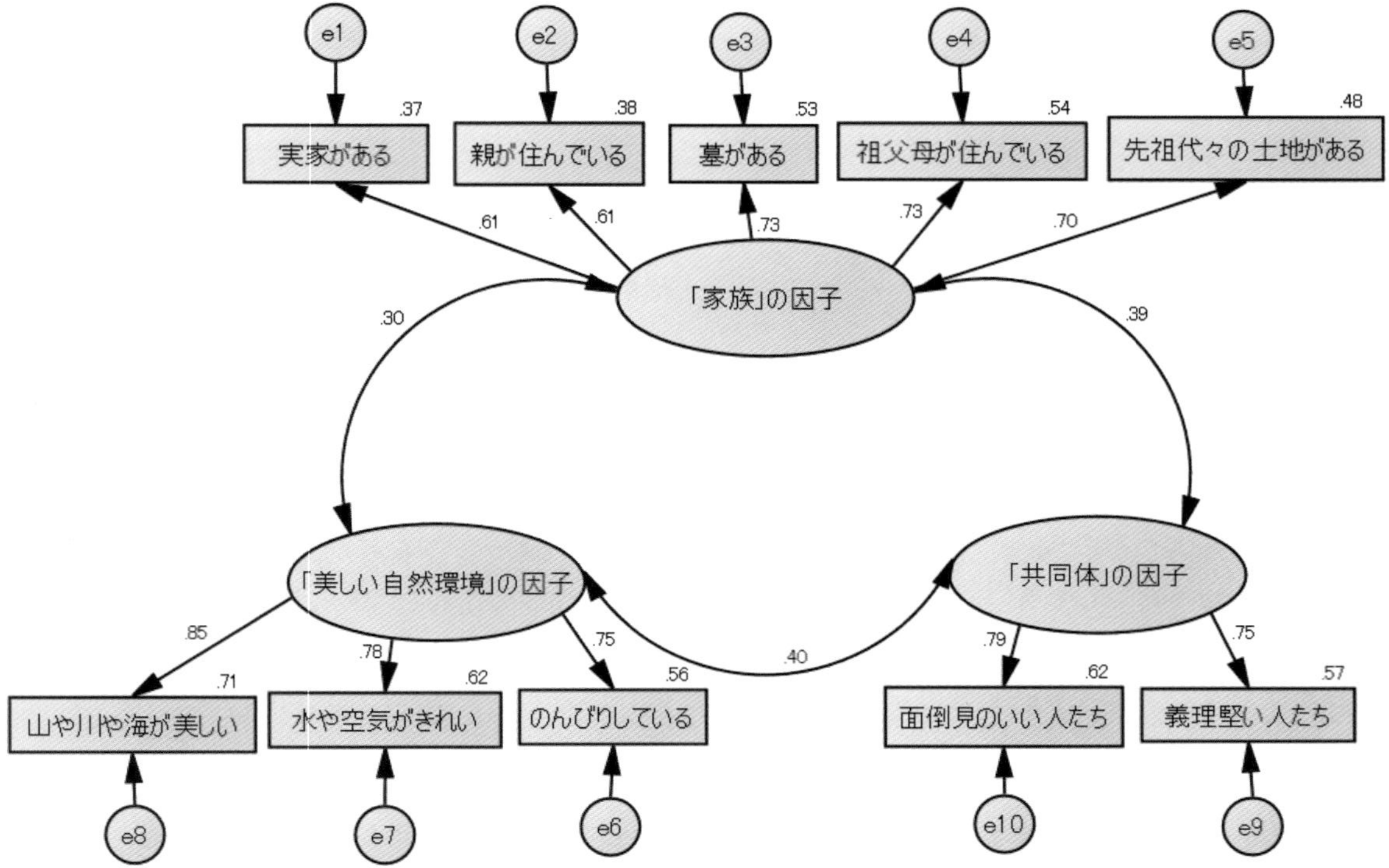

図１　男性のふるさと心理構造（n = 136）

出所：武田（2016a）

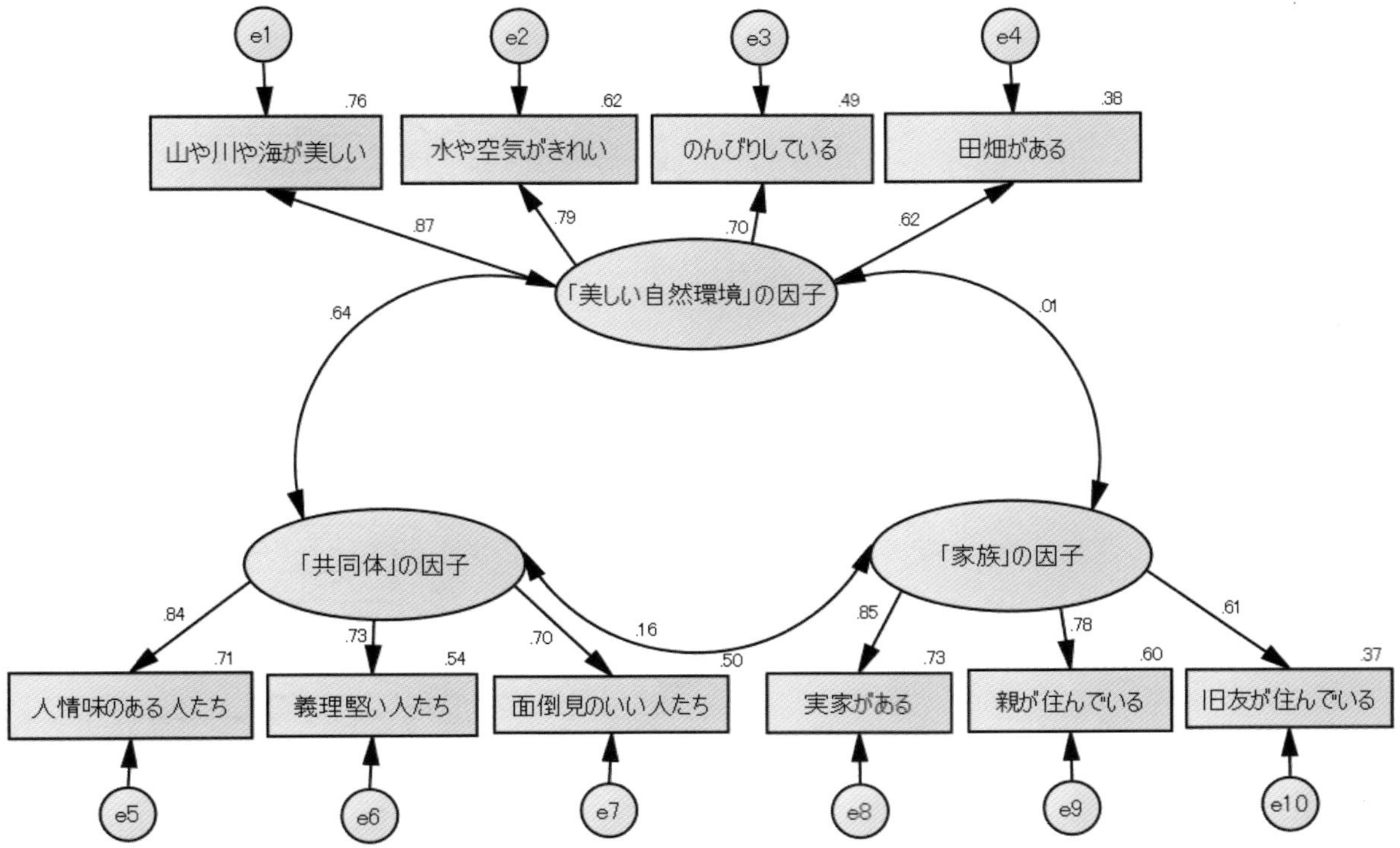

図２　女性のふるさと心理構造（n = 324）

出所：武田（2016a）

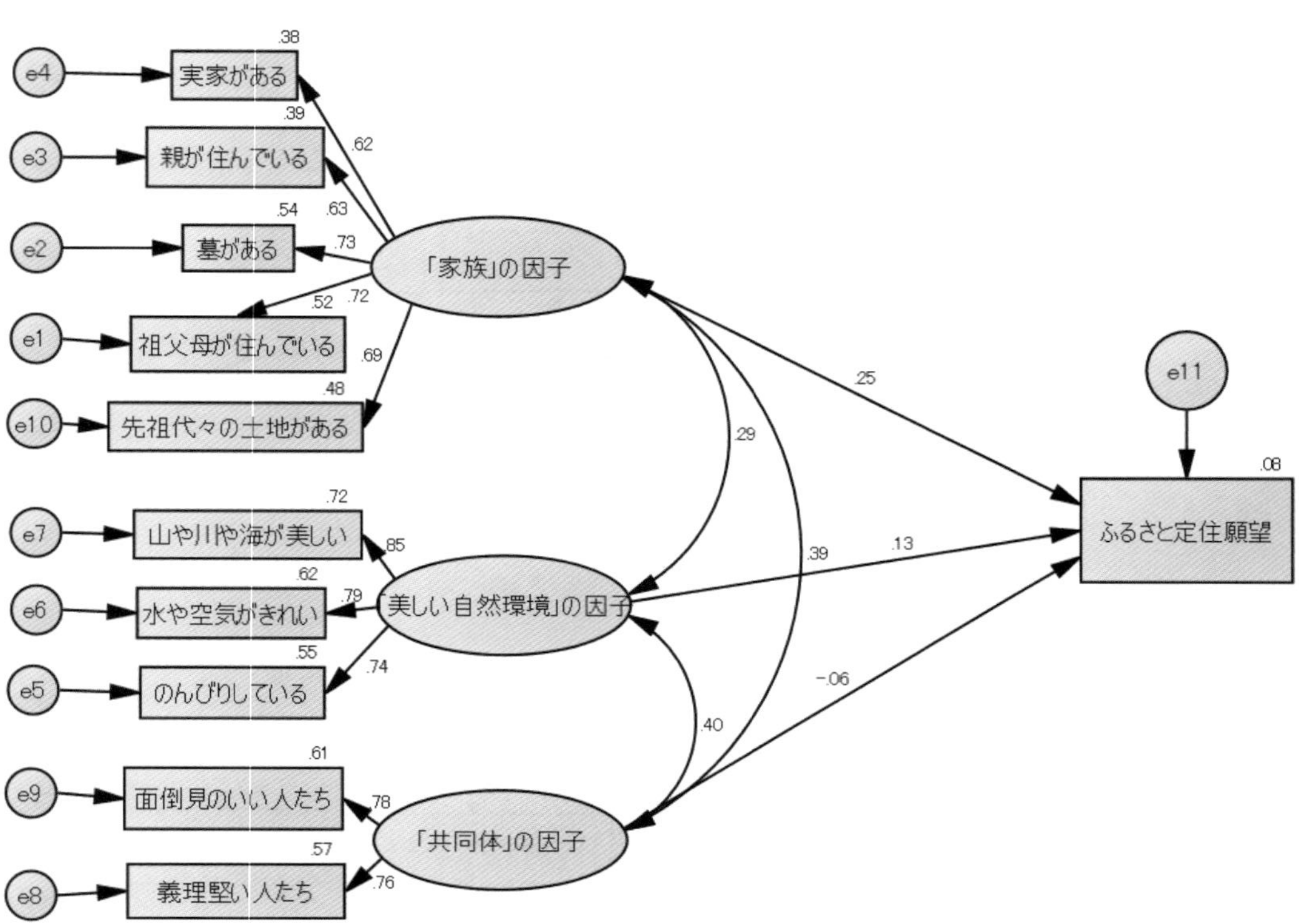

図３　男性のふるさと定住願望の心理構造（n = 136）

出所：武田（2016a）

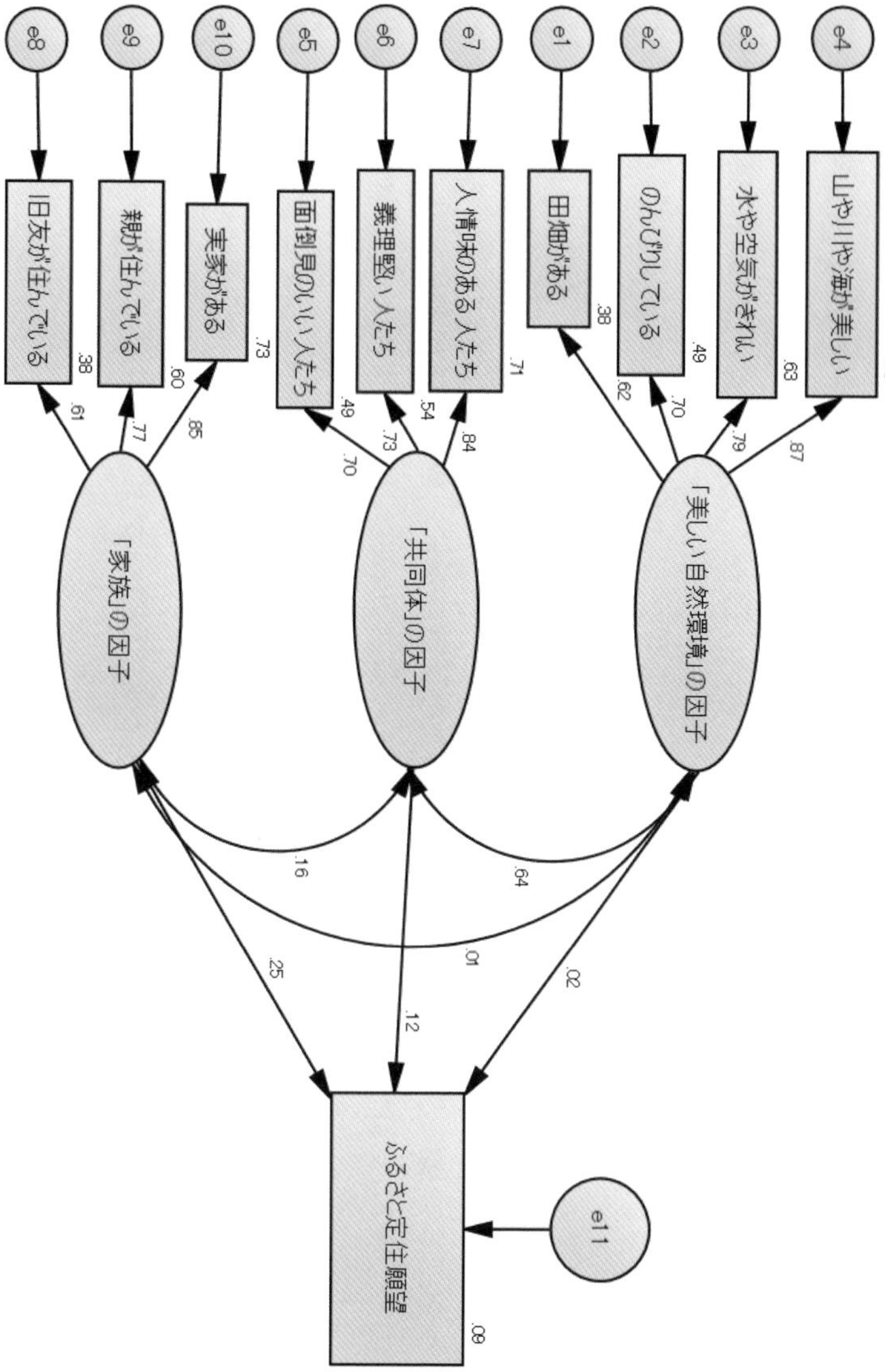

図4　女性のふるさと定住願望の心理構造（n = 324）

出所：武田（2016a）

六　ふるさとの見えざる力

1　ふるさとの影響

ふるさとにとらわれると、「私」の心がざわついて思いがけず大胆に行動してしまうこともあるだろう。ふるさとには人を動かす力が備わっているように思える。例えば、雇用機会や労働環境の差など、地方の不利な就業条件にもかかわらず都会から田舎へのＵターンは、社会経済情勢によらず安定してみられる[11][40]。ふるさとにかかわる何らかの要因が仕事や勤務先などの好条件より強くはたらいて、出郷者を故郷に引き戻すと考えられる。

帰郷をめぐる不安や悩みは、仕事の利得と損失をめぐる経済合理性だけでは充分に説明できない。出郷者が故郷を想うとき、現住地である都市の不確定な社会空間の広がりのなかで、他所では得がたい安心と、居心地の良いところに住みたいという願望を満たしてくれそうな故郷への感情とが結びついて[49]、故郷を理想視するかもしれない。また、ふるさと心理の深層には老親や家族、親族との紐帯[39][43]が安定した強固な基盤をつくっていると推察される。

近年、神経科学の目覚しい成果によって、人の意思決定の多くは情動に関係する大脳辺縁系が作用していることが明らかになってきた[16]。従来、人間行動については理性的な合理性を仮定した枠組みの構築と分析を中心に論議してきたが、これからは情動が理性に作用し行動に影響すると仮定して、人間行動の非合理性を解明することに関心が集まるだろう。故郷へのＵターンもそうした非合理的なキャリアの選択行動といえそうである。ふるさととの親や家族、親しい人との結びつきは、「私」が久しく情動をやりとりして形成した人とつながるための回路であり、その結節を流れる情動の性質を明らかにすることは、ふるさととの心理構造と誘因力を解明するうえで重要だろう。

2　中年期の「私」

ふるさとを起点に、学童期から一七歳頃の青年前期にかけて、「私」が生活する場所や活動する領域はしだいに拡大し、多くの出会いをとおして社会環境、自然環境からさまざまな刺激を受け、感じ方や考え方のその人らしい型がしだいにできあがる。一〇歳代半ばには自己の中核とおよその全体像がかたちづくられるが、自己形成を促進する原体験が本人にとってのふるさとといえよう。

やがて一八歳から二二歳頃の青年後期を通過し、二三歳から三四歳頃の成人前期にかけ働いて収入を得るようになってどうやら親の生活から自立し、社会に「私」を確固と位置づけるため試行錯誤を続けながら、結婚し子どもが生まれ家庭を築き生活を安定させるまで紆余曲折する過程で、ふるさとは「私」にとって人生の転機となる選択や意思決定のよりどころとなるかもしれない。四〇歳代から五〇歳代は人生の半ばにさしかかる時期で、大半の人が職場や家庭で高い緊張状態を経験する危機に遭遇するだろう。職場では責任ある要職に就いてますます活躍することが期待されるし、家庭では思春期の子育ての難しさに加えて養育や教育の出費が嵩む時期である。都会に住む人にとって住居の取得は大きな買い物である。自身や配偶者の親が老いると、成人子は世話や介護の役割を期待される。「私」自身の若さや活力も以前ほど感じられなくなり、心身の健康により一層注意を払うようになるだろう。

中年期にさしかかって「私」らしい感じ方や考え方を熟成させようと励んできた前半生を振り返り、後半生をどうすごすかを考えた末に、故郷にＵターンする意思決定をした人の事例をみてみよう[40]。

Ａさん（調査時三四歳・長男・東京から岐阜へＵターン）は、「（入社後は）名古屋勤務が採用条件だったのに、会社の方針が変更になり東京・横浜勤務になった。勤務先の労働条件は良く、都会生活も気に入っていたが、長男なので名古屋に転勤を希望するか、いずれはＵターンするしかないと思っていた。（仏門専門の服飾業を自営している）父親や（既に結婚して別居している）妹が帰ってくるようにたびたび求めてきたのでＵターンすることにした」。

名古屋で勤務するつもりだったのに、東京・横浜に配属されたことがＵターンの伏線になった。Ａさんが名古屋勤務を希望したのは、父親が住む岐阜に近いからだろう。

「（Ｕターン後の）仕事には満足していない。会社のシステムも改善の余地はあるが、今の状況ではあくせくする気になれない。賃金は前職より二、三割ダウンした。目いっぱい残業して前職の基本給ぐらいである。親はＵターンして喜んでいる。最近は、父親も（実家の自営業の）後を継げとは言わなくなった。親にしてみれば良かったのだろうが、私にとっては良くない」。Ａさんの事例は、家業を継ぐことが理由ではなく、将来、親と同居または近居して安心させるためのＵターンといえよう。

妻の親との関係から妻の故郷へＵターン、つまり、夫にとってはＩターンを決意させる場合もある。

Ｂさん（調査時二九歳・長男・名古屋から松本へＩターン）がＩターンした理由は、「妻が一人娘で実家は松本なので、いずれは妻の両親と暮らさなければならないと思っていたから。妻の両親を（Ｂさん夫婦が住んでいた）名古屋に呼び寄せることも考えたが、（妻の両親は）地元から出たがらないし、呼び寄せたとしてもいっしょに暮らせるような家は建てられない」。

　松本に転居したＢさんも、Ａさんと同様に新しい仕事には満足していない。「今の会社は妻方の身内が勤めていたトヨタ系列の下請け会社である。仕事への不満はあるが、自分の仕事さえしていればいいと思うようにしている。これではいけないと思っているが…。住居は妻方の実家なので、ぎこちないわけではないが少し堅苦しい。冠婚葬祭のやり方が違うので戸惑う。隣組の関係などややこしい。でも、地域活動には満足しているし、子どものはつらつとした顔を見るとＵ（Ｉ）ターンしてよかったと思う」。一般に、妻は夫といっしょに夫の故郷にＩターンするが、このような妻がおかれた典型的な状況をＢさんは経験している。夫婦が抱える個別の事情がＵターンに反映された事例である。

　Ｃさん（調査時三九歳・次男・浜松から岐阜へＵターン）は、「Ｕターンの直接の理由は、前の会社では子どもが小学校に入る前から転勤が多く、さきざき単身赴任することになりそうだったので、特に子どもの教育を重視して生活拠点を決めようと思ったことである。そのうえ、浜松支店から地元の岐阜への異動はなかなか実現しそうになかったので、思い切って地元の会社に転職しようと思った」。

　Ｃさんは、単身赴任は子どもによくないと考え、両親が常に子どもといっしょにいられるように、生活の拠点を故郷に定めようとＵターンした。Ｃさんは父子関係の理想を実現しようとした。「仕事の内容は、Ｕターン前のほうが創造性や進め方などは（自身に）合っていた。新しい勤務先については、地元へ帰ることが第一目的だったので、仕事への期待はもともとあまりなかった」。ＣさんのＵターンは、仕事より父親としての「私」を追求した事例といえよう。

Ｄさん（調査時三七歳・次男・東京から長野へＵターン）は、「二年前の一九九〇（平成二）年に、２ＤＫの社宅を出て家を買おうとしたら、バブル景気で難しかった。無理をして買った友人もいるが、入院してしまった。計算しても一生賃貸に住んだほうが得だという結論に達したが、私が倒れたときに妻子を路頭に迷わせるわけにはいかないので、家を買っておかなければならない。そんななかで、Ｕターンを思い立った。私は東京で一旗揚げるように教育されてきた世代である。しかし、（東京で）家を所有するのが大きな夢だったが、それがかなわなかった」。Ｄさんにとって、東京で家を買うことが一旗揚げるキャリアの成功を象徴していた。Ｄさんは、妻子の将来のために東京で買えなかった家を故郷で手に入れるためにＵターンした。

「東京では同僚や部下とのつきあいにお金も時間もかかった。長野では車通勤なので酒を飲まなくなりお金もかからなくなった。その分、親戚の冠婚葬祭に一、二万円かかるようになった。長野に来て、毎日子どもといっしょに食事をしている。子どもは病気をしなくなった。（子どもが）悪いことをしたとき、『東京に返すぞ』と脅すと『嫌だ』と答える。妻も、東京では社宅だったので長野のほうがいいと言っている。社宅は六〇世帯で、社内結婚の妻が多く仲良し集団が形成されていて、社外結婚の妻は馴染んでいなかった」。家族が故郷の環境に慣れて日常に満足すると生活も安定してくる。

ＡさんとＢさんはＵターン後の仕事に満足していないし、ＣさんとＤさんは故郷に帰る決断をしたとき仕事への関心はすでに希薄になっていたようである。

Ｕターンをきっかけに、仕事に代わって「私」が関与するのは家族である。Ａさんたち四人を故郷に呼び戻したのは家族といえよう。Ｕターンするまで余所の異なる時空間内で生活していた家族が、故郷で再び同じ時間と空間のなかで暮らすようになった。仕事や働くことを中核に異郷で生活してきた男性が、職場生活と家庭生活とを両輪にして暮らすうち、仕事より家族の価値がしだいに高まって家庭生活を重視した人生後半の生活を再構築した。

Ｕターンを意思決定するまでの心理過程は、何らかのきっかけから、現実の自己と理想の自己との落差を解消しようとする行為として説明できるかもしれない。Ｕターンは、仕事関連の理由と同じくらい家族関係の出来事にも影響される。Ｕターンして仕事と家庭とを調和させ、現実の自己と理想の自己との落差を解消しようと試みるかもしれない。仕事だけでなく家族や親とも親密で良好な関係を保つことが一般的な理想の自己像だとすると、理想の自己を実現するため、故郷に帰って親と同居ないし近居する人もいるだろう。

家族が住む故郷を離れ、さまざまな経験を積み重ねて成長した中年期の「私」が、自身の家庭を形成した後、故郷の家族と互いに引きつけ合うように影響する過程は興味深い。双方の家族は近接する時空間内にいることを求め合うかもしれない。離れているとあまり交わらなくなって疎遠になるため、愛情を伝えにくくなり、しだいに意思疎通しなくても支障なく生活できてしまうようになる。成人子が親の老いに向き合って、多世代の家族で生活する意義を再認識することが、成長した「私」の新しい基軸になると思われる。

七　夫のふるさと妻のふるさと

1　ふるさとの異同

近年、ふるさとということばを使って町づくりや村おこしが各地で行われているが、その主体となっているのは女性であることが多い[8]。しかし、女性がリーダーになろうとすると、「やっぱり女はだめだ」「そんなこともできないのか」「女性は感情的で責任感がない」などと揶揄され、自信を無くし諦めてしまうことが少なくない[1]。それでも、従来、男性ばかりのまちづくりだったことを見直し、商工会婦人部が中心となって女性を前面に出した祭を企画しやり遂げた岐阜県岩村町の事例[23]など、地域社会の日常で身近な活動に取り組んでいる女性たちは多い。

気持ちよく暮らしたいという思いから、地域の諸活動に従事している既婚女性にとって、生活の場は夫の故郷であり彼女自身のふるさとは余所にある。長いあいだ暮らしてきた土地にはそれなりの愛着はあるだろうが、「あなたのふるさとはどこですか」と尋ねられると、生まれ育った自分自身の故郷を想起するのではなかろうか。

前述したように、ふるさとの心象には微妙な男女差がみられる。女性のふるさとへの想いは、男性とは少し違うかもしれない。夫と同郷の妻は、ふるさとを共有できるのであまり違和感はないかもしれないが、夫の故郷に移り住んだ妻や、夫婦共にそれぞれの故郷を離れて暮らしている場合、妻は自身のふるさとにどのような想いを抱いているのだろうか。異郷の地で暮らす妻は、慣れない生活環境に戸惑いながらも時間をかけて適応し、加齢にともない現住地を第二のふるさとと思うようになる[40][41][43]。

日本人の平均寿命は男性に比べ女性のほうが長いことも考慮すると、女性が生まれ育った自身のふるさとへの想いを知ることは、現住地での女性による村おこしや町づくりを円滑に実践するうえで必要であるだけでなく、長寿高齢社会を気持ちよく生き抜くための手がかりになるかもしれない。

2　夫のふるさとへの違和感

愛知県の奥三河a郡で生まれ育ったEさんは、東三河の地方都市bにしばらく住んだ後、渥美半島の夫の故郷に移住した(44)。Eさんにとってのふるさとは、彼女自身の故郷a郡である。

「兎追いし、かの山という感じの中山間地で育った私です。私にとってのふるさとの心象は、山と川と田んぼ、点在する家という感じです。風景、景観、人、母の料理が故郷から思い浮かんできます」。

「中学校の校歌に『あなたのし、よき人の、かしこきひとを、育てんと、愛の花咲くc中、たのし、楽しからずや』というのがありました。

また、a郡歌というのがあり、私たちは運動会でいつも歌っていました。歌詞は『山は高く水は清し、山嶺水気ここにあつまり』だったと思います。深い山々、豊かな水、そこで人々が暮らしていた。そこが私のふるさとという感じです」。

一般に、ふるさとの有無に言及する際の「私にはふるさとがある」という意見から、「牧歌的な風景や自然体験、田舎料理などの子ども時代の経験や、多世代同居のイメージがあります」。

一方、「私にはふるさとがない」という意見からは、「無機物が多い都会暮らし、密集地育ち、コンビニ生活、核家族などをイメージします。ことばの羅列ですが、イメージとしてはこういうことばが浮かびます」。

Eさんのふるさとは、旧文部省唱歌「故郷（ふるさと）」の歌詞に詠われているようなところである。山、川、田んぼ、深い山々、豊かな水など、ふるさとの心象を代表するいくつかのことばを使ってEさんは表現した。これらのことばで構成されるふるさと心象の構造は、すでにみたとおり男女で異なる。

現在、Eさんは夫の故郷に居住しているが、そこはどちらかといえば海に近いところである。二四年前、東三河の地方都市bから夫の故郷へ引っ越した理由は、「農ある暮らしを望んだからです。負債付き農家でしたが、夫の生家が渥美半島に存在していたため、再建を考えて移住しました」。Eさんにとって夫の故郷は「景観、環境、食文化、働き方などにおいてかなりの違和感が今でもあります」。

「夫に聞くと、私の故郷の景観や食文化が好きだそうです。理由は、中山間地の山、川、そして、私の亡き父と飲んだ酒、母が作ってくれた手料理など、夫の故郷にないものが、私の故郷にはあったということのようです」。

Eさんの故郷と夫の故郷との認知差について、「a郡は、狭隘な中山間地域の自然景観で牧歌的な風景が残っています。渥美半島は、農業団地と広大な畑、スポットとしての自然景観が特徴です」。

「飲料水、農業用水の源流がある川上のa郡に対して、渥美半島には高い山も大きな川もありません。渥美半島が川上のa郡とつながっているのは水です。一〇〇km以上離れた宇連ダムから飲料水、農業用水の恩恵を受けて現住地の生活と産業が成り立っています。ここ二〇年くらいのあいだに、豊橋、蒲郡、田原で貯水池が整備され水不足は解消されました。一九六八（昭和四三）年、渥美半島の先端伊良湖岬まで豊川用水が開通し、短期間で渥美半島は日本一の農業地帯になりました。

a郡は大きな農業にはむかない中山間地であり、高い収益を上げる農業とは縁がなかったため、急激な景観の変貌はなかったと思います。一方、渥美半島の農業は都市労働者と同じ年収を得るという政策の結果なのか、大型農業施設団地に多額の助成金が交付されたため、交付窓口の農協を通じ各農家は大型施設を建設し、菊、メロン、トマトなどを栽培しています。しかし、現在（調査時二〇一七（平成二九）年）、維持費にかかる経費が大きい箱物農業は苦戦を強いられています。

a郡は高い山から流れ出る水と川、そして、山間に広がる田んぼと狭い畑が農業環境だとすれば、渥美半島は平野に広がる広大な農地と大きな農業施設、そして、大型化した畜産という感じです」。

「a郡は冬寒く畑が凍るため、土の中に野菜を保存していました。海からも遠く魚などは滅多に食べられないため、蜂の子などは貴重な蛋白源でした。a郡は海から遠く、都市へ出るのは非常に難しい環境なので、その地で採れた産物を利用し、創意工夫した食事が数多くあります。例えば、五平餅、草餅、豆餅、蜂の子ごはん、漬物各種、からすみ団子（雛祭の米粉のお菓子）、柏餅などはどこの家でも作っていたと思います。また、お正月の年越し料理、雛祭、お盆など、ハレの日の料理は決まっていました。

渥美半島は海の魚が常に豊富に手に入るため、創意工夫の必要性は少ないです。一九六五（昭和四〇）年頃までは小麦粉を使ったうどん、黒砂糖まんじゅうなどが作られていたと聞いていますが、施設農業に膨大な労働力を費やし、高収益が得られるようになって、お金で買う食文化が急速に定着しました。私が夫と結婚した四五年前、すでに夫の生家では季節行事などする習慣はまったく無くなっていました。もちろんお正月のハレの料理もです」。

故郷での働き方の違いについて、「a郡では冬ごもりがあるので、縫物、料理の工夫、近所の人とお茶飲みなど、時間がゆったり流れる日々が二ヵ月くらいあります。一方、渥美半島は一年中働ける自然環境にあります。空っ風はひどいですが、日照時間が長いため、花き栽培に適しており、キャベツをはじめ畑での換金作物栽培は三六五日可能です。ここらは、動けば金になるということばからわかるように、三六五日働くのがあたりまえの地域です。菊の高値で好景気に沸いた時期が何年か続いて、日本一の農業生産・販売高の地域として名をはせています」。

3　夫の故郷へのかかわり

渥美半島での暮らしについて、Eさんはどのような違和感を覚えるのだろうか。「違和感の原因は、創意工夫がないことによる生活の貧困です。例えば、生活ゴミの放置、常態化している農業産廃の不法投棄、手入れができていない家屋敷、放置山林、農家が自給野菜を作らないことなどです」。「地域全体が発展途上国のようにゴミ不法投棄があたりまえで、お金がすべてみたいな環境が最初はとても嫌でした。それで生活改善グループに入り、知り合いになった県職の方にストレートに疑問をぶつけていました。感性が通じる普及員の方もいらして、渥美の伝統食、炭焼き、地被（地面を覆う）植物などを紹介してもらいました。そのとき受けた指導や考えがSATOYAMAづくりの基礎になっています。

SATOYAMAとは、私と夫が作業している農地、屋敷、屋敷林と周辺の山林の呼称です。今は珍しい自給自足を理想とし、真似事みたいなことをしています。一応SATOYAMAは国際語とかになっていると聞いています。山裾なので、イノシシ、キツネ、ハクビシン、アナグマなどの害獣が出没します」。

自身の故郷で体験したことの記憶と夫の故郷に居住する日常との認知的不協和を解消しようと、Eさんは生活の環境をつくり変えようとしている。「渥美半島の工業的農業の景観に馴染めず苦悩の日々が長かった。まずは、ここから改善策を考え、私が体験したa郡の景観や暮らしに近づけたいと、日々格闘してきたのだと改めて思います」。

「二四年前、地方都市bからここへ引っ越したときから〝農ある暮らしの自給農家〟をめざし景観つくりなどをして、現在も進行形です。個人で解決できることは夫と二人で頑張ってきました。地域が抱える構造的な問題に取り組むなかで、多くの人とつながりネットワークが広がりました。余所者の女性はしがらみがないので、勇気をもてば思い切ったことができます。思い切ったことをするには、知性に育まれた勇気、気づき、学び、行動、そして仲間づくりが重要です。

農ある暮らしの自給農家とは、食料とエネルギーの自給です。食料自給は、米、麦、水（井戸水）、野菜、一部の果実、椿油です。エネルギー自給は、木質ボイラーを取り入れて半世紀放置された山の木を燃料にしていますが、考えたようにうまくはいきません。しかし、大震災や大災害が起きても、水と備蓄食料、薪、自家発電などの用意があるので、安心感はあります。薪は市のリサイクル・センターに行けば無料で分けてもらえます」。

夫のふるさとに移住後、Eさんは自身のふるさとの景観や暮らしを再現しようと取り組んできた。そうした活動をすることがEさん夫婦だけで困難な場合、隣近所の住民に呼びかけ協働する仲間を集めて実践した。しかし、地域の男社会はEさんの活動を少なからず制約しているようである。
「地域の男社会は現在も強いかたちで存在しているため、その外でかかわっています。小学校区で女性グループをつくりＮＰＯ活動をしています。自治会、消防団など、男性ばかりの既成団体とは交わらない組織です。河川の草刈り、清掃活動などは（男性ばかりの既成団体にも）協力してもらうことはあります。

ゴミ・ステーションのマナーの悪さ、河川への不法投棄などは、地域の役員（すべて男性）に私たちのグループで申し入れ、回覧板などで啓蒙活動してもらいました。農地水環境という農水省助成金を利用し、蛍の舞う環境づくりの一環として河川の草刈りを年数回しています。老人会名簿に七〇歳以上の校区住民の生年月日まで詳しく記載されているのは、個人情報の観点から問題だと役員に申し入れて改善されました。また、Ｗ地域環境保全の会（全国の農村にある助成金の受け皿組織）に加盟しています。

しかし、ＮＰＯは私たちのグループのみで、他は既存の自治会、消防団、老人会、ＰＴＡなどです。男性ばかりの組織で、会合に行くと場違いの視線を受けます。余所者の女みたいなひがみかもしれませんが、大いに違和感があります。それでもめげずにやっています。

最近は一〇年余の活動を評価してくれる地域の男性も出てきました。道理の通った発言と行動が評価されたのかなと思います。地域の女性からは、『ここら辺の人とはまったく違う、尊敬しています』と言われたことが一度だけあります。女性は男性の三倍努力して認められるという話と同じですが、〝出過ぎた杭は打たれない〟の精神で生きています」。

ふるさとの記憶心象に準拠したＥさんの活動は、二つの原動力に動機づけられている。
「一つは　子育て時代のやるかたない体験です。三人の子どもを育てながらの共働きは経済的には余裕がありました。しかし、それは時間に余裕のない綱渡り生活と引き換えでした。一番の困難は子どもの病気、そして、学校の長期休暇でした。四〇年前、学童保育はまったく市民権を得ておらず、困った親が共同で人を雇う方法で仕事を続けました。職場の同僚は、実家の親、夫の親の援助で乗り切る人が多く、私にはうらやましい限りでした。

a郡の生家には預かってくれる余裕はないものの、盆正月に帰省したときは、母や義姉のもてなし料理を腹いっぱい食べさせてもらいました。一方、夫の生家には帰省した息子家族を受け入れる基盤は皆無で、やるかたない限りでした。これはおかしい、たんなる貧乏とは違うのではと、何度も夫に聞いたことがあります。

二つ目は、私の個人的体験はもしかすると夫の生家のみのことではなく、この地域全体の風土としてあるのではないかという疑問です。二〇年余、いろいろな方と話した結果、やはり私が子ども時代に体験したような季節の行事、ハレの食事などを経験している方は、ほとんどいないのではないかというのが私の結論です。

三人の子どもとその家族には、私が母から受けたハレの日料理、共働きで困った場合の支援、農ある暮らしと心の豊かさを次世代に伝えたいという思いです。功を奏してか、六人の孫は、皆SATOYAMAを気に入ってくれているようです」。

SATOYAMAづくりには、Eさんの夫も協力し夫婦で取り組んでいる。Eさんのふるさとの心象を夫婦で共有できているから、夫の故郷である現住地への違和感を夫自身ももつのだろう。

「夫は、じゃじゃ馬のような妻に合わせてくれていますが、私の押しつけに耐え切れなくなると喧嘩になります。

夫の生家は諸般の事情から、今でいうゴミ屋敷同然でした。私からみると、そんな夫がいつから汚い環境に違和感をもつようになったのかわかりません。ちなみに、現在、このようなゴミ屋敷風の家は近所に結構たくさんあります」。

　Eさんと同じように、第二の定住地である夫の故郷で自治会や災害ボランティアなどの地域活動を、Fさんは率先して行っている。どの活動も責任ある立場で取り組んでいるが、自発的にかかわったわけではなく周りから推挙され押しつけられたようである。

「みんなは誰かに仕事をやらせて実際の活動には加わらない。それでもやるからには、しっかりやるようにしています」。

　こうしたFさんの奉仕の精神は、彼女の故郷での生育環境や生活習慣などに根差した規範に帰因しうるだろう。特に、曹洞宗の教えが感じ方や考え方の基軸になって、Fさんの生き方を安定させているようである。

「母方の親族が曹洞宗の寺ということもあって、住職から檀家や地域の方々、人・物とのかかわり方などを教えていただけたことが、夫の故郷での地域住民交流活動の原点です。奉仕活動やボランティア活動は中学生の頃からやっていました。奉仕の精神は、受け容れられようがそうでなかろうが、そういうことはあまり関係なく、あたりまえにやるだけです。困っている人に手を差し伸べるのはあたりまえです」。

4　妻の故郷へのかかわり

　Eさんは中学校の同窓会と実家の墓参りが故郷にかかわる行為だという。

「中学校の同級生の会が立ち上がっており、一年か二年に一度開催されます。幹事は持ち回りです。故郷に残った人、定年で故郷に帰った人、故郷から離れて暮らす人など三〇名ほどが集まります。

ふるさとの同級生はお里が知れているので、いつも平場の関係で話ができます。上下関係のないフラットな関係の心地よさを感じられる社会の情報交換の場です。また、お互い現在の状況を語りあうなかで、隣近所や仕事の組織とは違う社会の縮図を肌で感じ、次の再会を楽しみにして別れます。

三〇年ほど前に会を立ち上げてくれた同級生は現在の住まいが近い人たちで、会の運営について相談しやすい環境にありました。開催場所はａ郡ではなく、豊橋、蒲郡、豊田などです。そこへ同級生が集まります。参加者は二、三〇人くらいで、全体の約二〇％です。抽象的ですが、ふるさと意識が高い人たちかもしれません。

団塊世代なので高等学校や大学への進学率が今よりはるかに低かった時代です。集まる同級生も学歴はバラバラで、中学卒で働いた人も半数ぐらいいます。大学に進学した人は数えるほどしかいません」。

「実家のお墓は、私にもふるさとがあり、そこにお墓があって墓参しているという自負と安心感を与えてくれます。心のよりどころです」。

墓は先祖、つまり自身の出自を自覚させ、先祖とのつながりを実感して安寧感が得られるので、不確実な環境下で「私」を安定させるだろう。

Ｆさんは自身の故郷について、「自分の思い出がたっぷり詰まっているところ。支え励ましてくれる親族がいる、血脈、心のよりどころでもあります。ｄ町での生活に極限まで追い詰められたこともありますが、そんなとき、故郷の家族のことを思い起こします。最後は故郷に帰りたい」(44)。

5　故郷に定住

東三河の地方都市eの山寄にあるf町がＧさんの故郷である[44]。地元で長く小学校教員として子どもたちを教育指導してきたＧさんは、故郷が大好きだという。

「ここでは、キノコ狩りというのは松茸狩りのことです。魚を採ったり、どろどろの田んぼに入ったりした記憶が蘇ります」。

Ｇさんは小学校長として定年退職した後も、地方都市eの教育行政にかかわる仕事に従事している。Ｇさんの夫は同じ東三河の海沿いのまちの出身で、海育ちと山育ちとの違いはあるが、「地域文化や時代背景は共有できます」。

f町も若い人が少なくなって青年団を維持できない状態にあるが、替わって〝親父の会〟が主体になって夏祭や盆踊りを運営している。

「やってみたら意外に楽しいという人が多いです。懐かしいから再現しようとします。代々やってきたので自分の代で止めるわけにはいかないという人や、子どもが喜ぶならやろうかという人がいます」。

地元の人たちばかりでなくf町に移住してきた人たちも参加するという。

「余所から来た人の性格にもよりますが、ここは地域との関係性を作りやすいところだと思います。隣近所の人が茄子や胡瓜を分けてくれたりします。

移住して来た人のなかには、町内会費や子ども会費を払わない人や、拘束されるから本当は嫌だけど、子ども会に入らないと面倒だからと渋々入会する人もいます。それでも、『田舎に来て家を買ったけれど、意外と住みやすい』と言っています」。

同郷の夫と故郷で暮らしてきたGさんは、地元の子どもたちを教育指導する仕事をとおして故郷への愛着を深めてきたようである。加齢とともにGさん自身が故郷の日常で経験したことの記憶を、子や孫だけでなく、小学校の生徒との交流をとおして再現し、子どもたちと共有する喜びや満足感を感じ続けられる社会的状況に恵まれたといえよう。

6　定住した故郷へのかかわり

ｆ町では、子どもを保育園に送り迎えする若い母親どうしがママ友の結びつきをとおして、地域と積極的にかかわっている。子どもが保育園児の頃から知り合った三〇歳代、四〇歳代の母親たちが、「やるしかないよね」と町内会を支援している。ママ友のなかに女性リーダーがいて、みんなをまとめて地域活動に貢献している。

若い母親ばかりではなく、高齢者も家庭科の調理実習や生活科の野菜づくりにボランティアとして参画したり、子どもたちに読み聞かせをしたり、村の山仕事を共同で行ったりしている。

「ゴルフ場の入り口から二頭の鹿が突進してきて、車にぶつかりそうになったことがありました。池の周りを走ると、ときどき猿の群れに遭遇します。ｆ町では農作物の被害も甚大です。数年前、区長さんが有害獣防護ネット設置の説明に出向いてみえました。県に申請した結果、防護ネットが供給されることになったのですが、設置工事は住民のボランティア作業で行うということでした。

まず、設置する山裾の下草刈りが行われました。十二月初旬の雪が舞うような日でした。防護ネットの設置は、一月の毎週日曜日に都合がつく人が参加して作業する計画でした。大変寒い日に、私は毛糸の帽子に日本手拭いの襟巻き、農作業用の長靴といういでたちで集合場所に向かいました。作業が始まると、手を動かしながら、鹿や猿の話はもちろん、息子や娘のこと、学校のことなど、おしゃべりに花が咲きました。

ネットといってもスチール製の強固な柵なので、男の人たちが打ち込む支柱を支えたり、針金で支柱とネットを縛りつけたりしました。私たちが受け持った区域には、二〇人ほどの人がいました。初めてことばを交わす人もいて、和気あいあいと作業が進められました。予定していた場所は二日間で設置ができ、作業は終了となりました」。

こうした地域活動の他に、Ｇさんはとりわけｆ小学校の運動会で踊るｆ音頭を指導することに熱意をもって取り組んでいる。

「三〇年以上前、娘が小学生の頃からかかわっています。子どもたちとその親もいっしょに輪になって踊ります。三〇〇人くらいの児童が九つの縦割り班に分かれて、それぞれ二重の輪になります。内側に子ども、外側にはおとなが輪になって踊ります。

せっかくｆ音頭があるのだから運動会で踊ってほしいと頼んだのは私の母だそうです。テンポの遅い曲で今風ではないけれど、それを受け入れて三〇年この方踊り続けてくれていることを大変ありがたく思います。故郷に住む幸せをかみ締めながら、今年も娘や孫たちとｆ音頭を踊りました。

踊っている子を見るとｆっ子とわかります。ｆ音頭をみんなで踊るという昔ながらのしきたりを守ることで、地元の人たちのつながりを感じます」。

故郷の踊りを踊った原体験が、次世代にも伝えるという活動を動機づけると思われる。Ｇさんのなかに、昔、故郷の人たちとｆ音頭を踊ったときの肯定的な感情が確かに記憶され、その記憶心象がかつてのGさんと同じ年頃の子どもたちにも体験させたいという思いがGさんを突き動かしているのだろう。

7　地域活動の原動力

三人の中高年女性の故郷にまつわる経験や心情をみてきたが、そのうちEさんとFさんは生まれ育った自身の故郷を精神的なよりどころとして、夫の故郷である現住地の地域活動に従事している。同郷の夫と暮らしているGさんにとっても、ふるさとの記憶が諸活動の動機づけになっている。

三人の事例から、一〇歳代半ばまでに故郷で経験したことの記憶は、中高年女性を地域活動に参加させる原動力になりうるといえよう。その原動力は、夫の故郷で日常への違和感をもつ妻が、それを解消し自身のふるさと心象にしたがって記憶どおりに故郷を再現しようとする心理から生ずるのかもしれない。また、妻自身の故郷であり夫の故郷でもある場合、故郷で経験してきたことを夫妻が共有できるので、妻の地域活動を夫はよく理解し何かと支援するだろう。

学校を卒業して仕事の世界に入ると、とりわけ雇用されて働く男性の多くは、職場を主軸とする生活をおくるようになり、地域社会とは疎遠になりがちである。女性も就職してしばらくのあいだは、男性と同じように仕事中心の日常をすごすが、結婚・出産・育児を転機に仕事の世界から離脱する人は依然として多い。子が学童期に入るまでは、子育てに専念したいと考える一定数の女性は、仕事より母親であることを優先する(41)(43)。

子育て中のママ友は、育児をはじめさまざまな話題を介して仲間集団を形成し、より快適な日常生活を実現するため、居住する地域社会で発言し行動するようになる[41][43]。Eさん、Fさん、Gさんのおかれた状況は、子育て中ではないし、地域活動に従事するようになった経緯はそれぞれ異なるが、住んでいるところの日常生活の全体を包括的にとらえ、暮らしの均衡や調和の観点から、欠落したり破損したりしている箇所を補修する必要性を認識したことによる行為であることは三人に共通する。女性に比べて雇用されて働く男性は、職場を主軸とする生活に拘束されがちで、地域活動に割く時間が少ないため、近所の人たちといっしょにすごす喜びに恵まれないまま定年を迎える。

8　二つの故郷

男性と違い女性の場合、夫の実家やその近隣で長く生活するうちに、自身の故郷とは別に夫の故郷を第二のふるさととして受け容れるようになるかもしれない。また、現住地が子どもにとってのふるさとであったり、所有する住宅の所在地を故郷と感じたりすることもあって、女性のふるさと心理の構造は男性とは異なり複雑と思われる。

従来、旅や家出など、非日常の経験や出来事から議論されることが多かった女性にとってのふるさとについて、安井は里帰り慣行に注目し日常の慣習としてとらえようとした[53]。安井は石川県鳳至郡門前町で行った現地調査の結果から、嫁入り婚を想定する場合、女性は結婚して生家から婚家へと帰属する集団を変える機会に、彼女にとってのふるさとが出現すると説明した。結婚は女性にとって第二のふるさと出現の契機となる。また、八木は、質問紙調査の結果にもとづいて、女性にとってのふるさとの心象が、娘時代、妻時代、母時代、祖母時代など、加齢にともなう家族周期にみられる世代交代の時期に対応し変化しているのではないかと示唆した(50)。

イエにまつわる慣行や規範は、世代差はあるものの未だに根強く影響している。しかし、今では子どもの数が減っているから、他家に嫁いだ後も女性は生家の親とつながったままだし、彼女の親も娘を手放したつもりはないかもしれない。結婚した女性は、生家から婚家に帰属先が一義的に変わるというより、生家にも婚家にも帰属するとみなしたほうが妥当と思われるので、既婚女性には二つのふるさとを仮定しうるだろう。

夫の「私」らしい感じ方や考え方は夫の故郷で育まれたので、夫は自身の故郷で生活することに違和感はないだろう。一方、妻は「私」らしい感じ方や考え方にしたがうと違和感をもつ夫の故郷で、それまでの「私」らしい感じ方や考え方を修整しなければならない。その修整は、婚家の生活に慣れたとか、馴染めるようになったと妻が思えるまで続くだろう。そして、婚家でも「私」らしい感じ方や考え方の型を学習し、生家で養成した「私」らしい感じ方や考え方の型と併せて両者を使い分けられるようになると、妻は二つの故郷をもつことになる。

八　「私」の終わり

1　学童期と高齢期との関係

人の生涯は年齢を目安にいくつかの時期に区分して概要を把握できる。各時期に特有の心理的・社会的状態を記述し、成長するための発達課題を示した段階（stage）を体系化した全体が生涯発達心理学の枠組みである。発達課題には、自分らしさを求めながらどのような人生を生きたいかを模索する自己の側面に加えて、重要な他者との関係性をはじめ、周囲の人たちとの社会的なつながりを形成し、そこに自己を位置づけるという側面がある。

バルテス[3][4]は、人の誕生（受精）から死までの過程にみられる個人内の変化、安定性、連続性と、それらを相互に比較検討したうえで個人間の類似性、異質性を記述し説明することを生涯発達心理学の主題とした。バルテスによると、人の生涯にわたる自己形成は、①加齢にともなう標準的な身体の成熟と老化、②就職、結婚や出産、転居など、日常のさまざまな出来事、③そのときどきの社会経済情勢や時代背景に影響される。

精神分析の影響を受けたエリクソン[9][10]も、人の発達を青年期までに限定せず生涯にわたって発展させ、その過程を八つの段階に区分して論議した。エリクソンの考え方は、生物学の漸成説（epigenesis）にもとづいたパーソナリティの後成説である。エリクソンによると、人のパーソナリティの成長は全体の計画から各部分が漸次発生し、それぞれの部分には特別に優勢になる時期があり、特定の部分が順次優勢になっていくうちに、やがてすべての部分が機能するようになり全体がかたちづくられるという。パーソナリティの各構成項目は、他のすべての構成項目と系統的に相互関連し、それらは各項目の固有の順序にしたがい固有の発達によって決まる。各項目はその項目自体の決定的で危機的な時期が、正常な発達を辿って到来する以前から、何らかのかたちで存在しているとエリクソンは考えた。

人の生涯にわたる自己形成を、全体を仮定した各部分の漸次分化と最終統合とみなす生涯発達心理学では、年齢で区分された個別段階の発達状況だけでなく、過去と現在と未来が積み重なった自己形成の過程全体を理解しようとする。特に幼少期や学童期は自己の形成に影響する多感な時期とされ、このときの原体験が青年期以降の態度や行動の基礎と仮定しうる。幼少期や学童期をすごした故郷は、「私」が育まれていく過程の始原であり、人の生涯発達の軌跡を時間と空間を基軸として描く際の原点と考えられる。

加齢が進み高齢期から老年期にかけて、残り少なくなった余生を実感しつつ来し方行く末を想うとき、故郷の記憶が蘇ることもあるだろう。懐かしいふるさとへの愛着を改めて感じるかもしれない。人生の終末が近づく頃、故郷ですごした幼少期や学童期の記憶と、高齢期や老年期になって老いた「私」に満足し、生涯を納得いくように整理しまとめるという発達課題とがどのように関係するかは興味深い問題である。

2　ふるさとへの「私」の回帰

高齢期について、エリクソン(9)(10)は、誠実で、正直で、高潔な精神状態であるように人生を統合し受容することを発達課題としている。幼少期から学童期にかけて、故郷ですごした時間が自己の基礎をかたちづくり、青年期以降に生活する空間を拡張しいろいろな経験を積み重ねながら高年期・老年期に到達したとき、自身の生涯を統合し受容することで人は「私」を肯定できる。

自身の生涯を統合するには、人生の意味についてもう一度考えてみる必要があるかもしれない。「私」にとって概ね良好な人生だったと思える人は、社会的な承認や評価とは別に、自身の成功感に照らしてこれまでやってきたことに手応えがあり、成し遂げたことに満足し、「私」が自律して選択し創ってきた生涯だったといえる人である。

人生を統合し受容する判定の基準は、「私」らしい感じた方や考え方が中核となる価値観である。自身の生涯を整理しまとめて総括するとき、「私」の加齢を回顧し内省しつつ過去の記憶を辿っていくと、「私」の価値観の基礎が故郷で形成されたことに気づくだろう。幼少期から学童期にかけてのふるさとの記憶は、高齢期や老年期に人生を統合し受容しようとする「私」に影響すると考えられる。

むすびに

ふるさとのかけがえのない大切さは、不幸にして故郷を喪失した人から知ることができるだろう。国連難民高等弁務官事務所によると、二〇二三（令和五）年二月現在、ウクライナから国外に避難した人は八〇七万人（註5）であり、そのうち同年三月の在留者数は二三六一人（註6）と出入国在留管理庁は報じている。

同様の体験を、かつて北方領土で暮らしていた日本人の島民から取材し映画を製作している旧ソ連人の監督は、島が旧ソ連に占拠された七八年前とウクライナで多くの避難民が出ている現状が重なるとして、「一一歳まで住んでいたが今でも帰れない」「島に孫と行き、自分が住んでいた場所を直接教えたい」などの元島民のことばには、故郷への変わらぬ愛着があふれていたという。故郷の島に帰りたいと願って帰れず亡くなった人は多い(38)。

東日本大震災による原発事故で全町避難を強いられた福島県浪江町の男性は、津波で妻を亡くし二本松市の仮設住宅に避難したが、二〇一七（平成二九）年、浪江町の災害公営住宅に移った。思い出が詰まった故郷は、高台から見渡すと雑草だらけで落胆するという。請戸地区にあった自宅の基礎と塀を生きた証として解体せずに残している(32)。

戦争や災害で破壊され消滅してしまった故郷の復興は極めて困難であるが、砲撃が続くなかで飲み水を井戸から汲む人や、除染された田畑で農作業を再開する人がいる。非常事態にもかかわらず故郷に住み続け、また、一時避難した後、再び帰郷して生活を再建しようとする強い意志は、経済合理性では充分に説明できない人の感情に動機づけられた行為といえよう。ふるさとは人に関する真理を探るうえで手がかりになる概念である。

◆

一九九一（平成三）年にUターン現象への関心から始めたふるさと心理の探究は、拙著『ふるさとの誘因』を著して一区切りつけることができた。その後、女性の視点からふるさとを考えてみたいと思い細やかな論考をいくつか試みたが、このたび愛知大学綜合郷土研究所ブックレットを執筆する機会をいただいて、これまでの取り組みを振り返り新たな好奇心を少なからず覚えた。ふるさとを主題にこれからどれほど作業できるか心許ないが、さらに視点を変えて引き続き考えてみたい。再びこのような意欲をもてたのは、本稿の執筆をご承認いただいた愛知大学綜合郷土研究所の神谷智所長をはじめ関係者のみなさまのおかげである。記して謝意を表わしたい。

註

（1）精神分析の概念で、主体（subject）と主体の欲求や認知や働きかけなどの対象（object）との関係を意味する。対象には現実あるいは幻想・空想上の人や事物が含まれる。子は母親との共生関係からしだいに自我を分離して、他人との対象関係を成立させる（小川、一九九五、二一八頁）[31]。

（2）因子分析は、個人が示す複数の特性値（変量）間の相関係数を使って、各個人が共通にもっている少数の未知の因子で説明しようとする。共通因子を見出し、各因子の各変量への寄与の大きさ（因子負荷量、factor loading）を決定し、各個人がもつ各因子の大きさ（因子得点、factor score）を推定する（濱嶋・竹内・石川、一九九七、二一八頁）[17]。

（3）重回帰分析は、一つの基準変数を複数の説明変数によって説明・予測する線形回帰モデル式を実測値を用いて分析し、偏回帰係数や重相関係数などを求める（古畑、一九九四、一〇九頁）[15]。

（4）共分散構造分析は、潜在変数間の因果関係を分析するための多変量解析の総称である。潜在変数と顕在変数との関係を仮想された概念図式にもとづいて測定方程式および構造方程式として記述し、未知の母数を推定する（古畑、一九九四、五四頁）[15]。

（5）https://www3.nhk.or.jp/news/html/20230220/k10013985581000.htm を参照した。二〇二三（令和五）年二月二〇日に閲覧。

（6）https://www.moj.go.jp/isa/publications/materials/01_00234.html を参照した。二〇二三（令和五）年三月二二日に閲覧。

引用文献

（1）荒金雅子・川端美智子・森野和子　一九九三　『地域リーダー力—女性リーダーの育ち方・育て方—』　パド・ウィメンズ・オフィス

（2）有賀喜左衛門　一九七一　『有賀喜左衛門著作集XI』　未来社

（3）Baltes, P.B., Reese, H.W., & Nesselroade, J.R. 1977 ***Life-span developmental psychology: Introduction to research methods.*** Monterey, California: Brooks/Cole.

（4）Baltes, P.B., Reese, H.W., & Lipsitt, L.P. 1980 Life-span developmental psychology. ***Annual Review of Psychology*, 31**, 65-110.

（5）尾藤章雄　一九九六　『都市の地域イメージ—地理空間と認知空間のテクスチャー—』　大明堂

（6）Bower, G.H., & Cohen, P.R. 1982 Emotional influences in memory and thinking: Data and theory. In M.S. Clark, & S.T. Fiske（Eds.）, *Affect and cognition.* Hillsdale, New Jersey: Lawrence Erlbaum Associates.

（7）Bower, G.H., Monteiro, K.P., & Gilligan, S.G. 1978 Emotional mood as a context for learning recall. ***Journal of Verbal Learning and Verbal Behavior*, 17**, 573-585.

（8）地域づくり団体全国協議会　一九九八　『女性によるまちづくりハンドブック』　ハーベスト出版

（9）Erikson, E.H. 1963 *Childhood and society*（2nd ed.）. New York: Norton.（仁科弥生　訳　一九七七、一九八〇　『幼児期と社会1・2』　みすず書房）

（10）Erikson, E.H. 1980 *Identity and the life cycle.* New York: Norton.（西平直・中島由恵　訳　二〇一一　『アイデンティティとライフサイクル』　誠信書房）

（11）江崎雄治・荒井良雄・川口太郎　一九九九　「人口還流現象の実態とその要因—長野県出身男性を例に—」

『地理学評論』、七二A（一〇）、六四五-六六七.

（12）藤岡喜愛　一九七四『イメージと人間』日本放送出版協会

（13）藤岡喜愛　一九八三『イメージ』日本放送出版協会

（14）藤岡喜愛　一九九三『イメージの旅』日本評論社

（15）古畑和孝　編　一九九四『社会心理学小辞典』有斐閣

（16）Goleman, D. 1995 *Emotional intelligence: Why it can matter more than IQ.* New York: Brockman.（土屋京子 訳 一九九六『EQ～こころの知能指数』講談社）

（17）濱嶋朗・竹内郁郎・石川晃弘　編　一九九七『社会学小辞典〔新版〕』有斐閣

（18）岩田重則　一九九八「『故郷』観の行方」宮田登　編著『現代民俗学の視点3民俗の思想』朝倉書店

（19）加瀬和俊　一九九七『集団就職の時代』青木書店

（20）木村重信　一九七一『はじめにイメージありき』岩波書店

（21）Levinson, D. J., Darrow, C. N., Klein, E. B., Levinson, M. H., & McKee, B. 1978 *The seasons of a man's life.* New York: Knopf.（南博　訳　一九八〇『人生の四季—中年をいかに生きるか—』講談社）

（22）Lynch, K. 1960 *The image of the city.* Cambridge, Massachusetts: the M.I.T. Press of the Massachusetts Institute of Technology.（丹下健三・富田玲子　訳　二〇〇七『都市のイメージ 新装版』岩波書店）

（23）間瀬寿夫　一九九五『輝く人きらめく町—NHKニュースウェーブ東海「村おこし・町づくり」—』KTC中央出版

（24）Maslow, A.H. 1954 *Motivation and personality.* New York: Harper & Row.（小口忠彦　訳　一九八七『改定新版 人間性の心理学—モチベーションとパーソナリティ—』産業能率大学出版部）

（25）松崎憲三　編著　二〇〇二『同郷者集団の民俗学的研究』岩田書院

(26) 宮本常一　一九七五『民俗のふるさと』河出書房新社
(27) 宮本常一　一九八四『忘れられた日本人』岩波書店
(28) 水島恵一　一九八八『人間性心理学大系第九巻 イメージ心理学』大日本図書
(29) 文部科学省　二〇二一「学校基本調査（確定値）」
(30) Newman, B.M., & Newman, P.R. 1984 *Development through life: A psychosocial approach.* Homewood, Illinois: Dorsey.（福富護・伊藤恭子　訳　一九八八『新版 生涯発達心理学―エリクソンによる人間の一生とその可能性―』川島書店）
(31) 小川一夫　監修　一九九五『改訂新版 社会心理学用語辞典』北大路書房
(32) 『大分合同新聞』二〇二三（令和五）年三月一〇日付
(33) 岡田晋　一九七二『日本人のイメージ構造』中央公論社
(34) 太田信夫・多鹿秀継　編著　二〇〇八『記憶の生涯発達心理学』北大路書房
(35) 大山正・藤永保・吉田正昭　編　一九七八『心理学小辞典』有斐閣
(36) Richardson, A. 1969 *Mental imagery.* London: Routledge & Kegan Paul.(鬼沢貞・滝浦静雄　訳　一九七三『心像（Mental Imagery）』紀伊國屋書店）
(37) Santrock, J.W. 1985 *Adult development and aging.* Dubuque, Iowa: Wm. C. Brown.（今泉信人・南博文　編訳　一九九二『成人発達とエイジング』北大路書房）
(38) 『信濃毎日新聞』二〇二三（令和五）年二月一二日付
(39) 武田圭太　一九九三『生涯キャリア発達―職業生涯の転機と移行の連鎖―』日本労働研究機構
(40) 武田圭太　二〇〇八『ふるさとの誘因』学文社
(41) 武田圭太　二〇一五『かかわりを求める女性心理』ナカニシヤ出版

(42) 武田圭太　二〇一六a「ふるさと心理の構造分析（1）」『愛知大学綜合郷土研究所紀要』、六一、四五－四九.
(43) 武田圭太　二〇一六b『“私”を選択する女性心理』学文社
(44) 武田圭太　二〇一八「女性のふるさと心理（1）」『愛知大学綜合郷土研究所紀要』、六三、一－九.
(45) 豊田秀樹 編著　二〇〇七『共分散構造分析［Amos編］―構造方程式モデリング―』東京図書
(46) 坪井洋文　一九八六a『故郷と都市民 民俗再考―多元的世界への視点―』日本エディタースクール出版部
(47) 坪井洋文　一九八六b『故郷の精神誌 日本民俗文化大系第12巻』小学館
(48) 津本忠治　一九八六『脳と発達―環境と脳の可塑性―』朝倉書店
(49) 内田隆三　二〇〇〇「『故郷』というリアリティ」成田龍一ほか『故郷の喪失と再生』青弓社
(50) 八木透　一九九六「家・女性・墓―女性たちにとっての故郷―」『日本民俗学』、二〇六、三六－六五.
(51) 柳田國男　一九六二『定本 柳田國男集第一六巻』筑摩書房
(52) 柳田國男　一九六三『定本 柳田國男集第二四巻』筑摩書房
(53) 安井眞奈美　二〇〇〇「女性にとっての『ふるさと』とは―里帰り慣行を手がかりにして」『天理大学学報』、五二（一）、一－一七.

【著者紹介】

武田　圭太（たけだ　けいた）

日本大学商学部教授
（2019（平成 31）年 3 月 31 日まで愛知大学文学部教授）

専攻

産業・組織心理学，社会心理学，生涯キャリア発達論

主著

『生涯キャリア発達――職業生涯の転機と移行の連鎖――』
（日本労働研究機構，1993 年）
『ふるさとの誘因』（学文社，2008 年）
『採用と定着――日本企業の選抜・採用の実態と新入社員の職場適応――』
（白桃書房，2010 年）
『かかわりを求める女性心理』（ナカニシヤ出版，2015 年）
『“私”を選択する女性心理』（学文社，2016 年）

愛知大学綜合郷土研究所ブックレット㉝

ふるさと「私」の始原

2023 年 7 月 23 日　第 1 刷発行
著者＝武田 圭太 ©
編集＝愛知大学綜合郷土研究所
〒441-8522 豊橋市町畑町1-1 Tel. 0532-47-4160
発行＝株式会社シンプリ
〒442-0821 豊川市当古町西新井23番地の3
Tel.0533-75-6301
https://www.sinpri.co.jp

ISBN978-4-908745-22-5　　C0336

刊行のことば

愛知大学は、戦前上海に設立された東亜同文書院大学などをベースにして、一九四六年に「国際人の養成」と「地域文化への貢献」を建学精神にかかげて開学しました。その建学精神の一方の趣旨を実践するため、一九五一年に綜合郷土研究所が設立されました。

以来、当研究所では歴史・地理・社会・民俗・文学・自然科学などの各分野から東海地方及び近隣地域を研究し、同時に資史料を収集してきました。その成果は、紀要や研究叢書として発表し、あわせて資料叢書を発行したり講演会やシンポジウムなどを開催して地域文化の発展に寄与する努力をしてきました。こうした事業に加え、当研究所構成員の従来の研究成果をできる限りやさしい表現で解説するブックレットを発行することにし、現在に至っています。

二一世紀を迎えて以来、情報インフラ等が急速に発達し続けています。しかし活字を主体とした出版物こそが、ものの本質を熟考し、またそれを社会へ訴える最適な手段であると信じています。当研究所から生まれる一冊一冊のブックレットが、読者の知的冒険心をかきたてる糧になれば幸いです。

愛知大学綜合郷土研究所